团队跳绳
组织方法100例

- 主　编　朱越强
- 副主编　张小龙　尚保群　周堪俊　曹　泉　潘　浩

·广州·

图书在版编目（CIP）数据

团队跳绳组织方法 100 例 / 朱越强主编. —广州：华南理工大学出版社，2019.12（2024.10 重印）

ISBN 978-7-5623-6197-8

Ⅰ. ①团⋯　Ⅱ. ①朱⋯　Ⅲ. ①跳绳 – 基本知识　Ⅳ. ① G898.1

中国版本图书馆 CIP 数据核字（2019）第 271562 号

Tuandui Tiaosheng Zuzhi Fangfa 100 Li

团队跳绳组织方法 100 例

朱越强　主编

出 版 人：房俊东
出版发行：华南理工大学出版社
　　　　　（广州五山华南理工大学 17 号楼，邮编 510640）
　　　　　　http: // hg. cb. scut. edu. cn　E-mail：scutc13@scut. edu. cn
　　　　　营销部电话：020-87113487　87111048（传真）
责任编辑：王荷英
印 刷 者：广州小明数码印刷有限公司
开　　本：787 mm×1092 mm　1/16　印张：13.75　字数：278 千
版　　次：2019 年 12 月第 1 版　印次：2024 年 10 月第 2 次印刷
定　　价：58.00 元

版权所有　盗版必究　　印装差错　负责调换

编委会

主　　编：朱越强
副 主 编（按姓氏笔画排序）：
　　　　张小龙　尚保群　周堪俊
　　　　曹　泉　潘　浩
编写人员（按姓氏笔画排序）：
　　　　巩莲莲　朱越强　刘小云
　　　　李镇国　张斌华　陈启炎
　　　　尚保群　曹　泉　廉志营
顾　　问：罗健壮
图书插图：陈煜静
理论指导：钟卫东

前言

跳绳运动在我国已经有一千多年的发展历史，唐、宋、元、明、清等朝代都有记载。跳绳在不同的朝代有不同的称谓，唐朝称跳绳为"透索"，宋朝称"跳索"，明朝称"白索"，清朝称"绳飞"。跳绳活动简单易行，花样丰富，可简可繁，是一项适合全民广泛开展的运动。进入20世纪以来，欧、美等经济发达国家开发出许多独特的跳绳练习方法和丰富多彩的跳绳活动形式，将体操、舞蹈、健身操、街舞、音乐等传统与现代元素融合其中，从而丰富了跳绳的文化与内涵。跳绳运动在发展的每一个时期都得到了广大青少年和人民群众的喜爱；同时，随着社会经济和文化的不断发展，跳绳运动的练习方法、锻炼功能、健身价值也得到进一步开发。

跳绳活动对促进青少年儿童的身体正常发育，尤其在发展青少年儿童协调性、灵敏度、速度、耐力、力量、身体平衡与稳定等身体素质方面有独特作用。跳绳是全身运动，对促进血液循环，改善人体心脑血管、运动和神经系统的功能有经济、高效的作用。同时，跳绳又是一项极佳的健身塑体运动，对改善身体姿态、增强肌肉弹性、发展体能等有重要作用。

党的十八大提出"把立德树人作为教育的根本任务，培养德智体美全面发展的社会主义建设者和接班人"。"立德树人"就是要引导青少年学生做到明大德、守公德、严私德；对于学校而言，就是要把学生培养成有理想、有责任感、敢担当的人，身心健康的人；对于企事业单位、社会团体而言，就是培养成员的责任感、团队的凝聚力及沟通与协调能力等。本书在编写之初，就是想挖掘跳绳运动的教育功能，通过开发跳绳的团体练习方法，并融合社会主义核心价值观所倡导的理念，让练习者在团队跳绳活动中体验协作完成任务的重要性，感受各团队成员共同努力达成目标后所带来的成功和愉悦，将活动的内涵内化于心、外化于行，从而提升团队的凝聚力和行动力。

本书是编者在总结15年跳绳教学经验和研究成果的基础上，融合体能发展、动作模式构建、团队精神培养的理念整理而成，在现有跳绳研究领域中是新的尝试。书中选取了各类团体跳绳活动100例，共分为四章。其中，第一章是运用短绳开展团队活动的组织方法25例，第二章是运用长绳开展团队活动的组织方法43例，第三章是运用短绳与长绳结合开展团队活动的组织方法19例，第四章是运用长短绳与其他器械结合开展团队活动的组织方法13例。

为了方便广大跳绳爱好者和培训者选用，本书在编排时根据完成练习的难易程度、参与者对动作的理解、组织者对活动的理解及活动开展的难易程度等，对每一案例都进行了难度系数评级，分别用1~6颗黑体星表示，黑体星越多表示难度越大。无跳绳基础或偶尔参加跳绳练习的团体主要选择难度系数为一星和二星的内容，经常参加体育锻炼和有一定跳绳基础的团队可选择难度系数为三星和四星的内容，跳绳水平较高、身体素质较好的团队可以挑战难度系数为五星和六星的内容。在教学时，组织者要充分地理解本书的编写理念，特别要注意做好案例架构中的"评价要点"环节，参考"评价要点"的提示，在活动开展前、中、后适时对参加活动者的行为表现进行评价，以保证参与者把活动的初始体验及时内化为自身精神需要，从而为参与者把这种体验外化于行奠定基础，以更好地达到团队培训（活动）的效果。

本书所呈现的练习案例适用于大、中、小学的体育与健康课堂教学、第二课堂教学、少先队活动、党团员组织活动、德育主题活动等，也能满足单位工会活动以及体能培训中心、团队拓展培训机构等培训的需要。

由于选取内容、方法改进、案例架构三者与新的理念融合是一个新的尝试，且编者理论、实践及编写水平均有限，书中难免存在疏漏或不足之处，敬请广大专家学者、跳绳爱好者、团队培训人员等给予批评指正。

朱越强

2019年8月

团队跳绳组织方法动作编排命名说明

请读者在使用本书时阅读以下命名说明，以便准确理解动作，方便记忆和讲述。

1. "转"，练习者在完成某个动作过程中，从一个方向的动作改变成另一个方向的动作时，用"转"来说明两个动作连接起来的变化路径。

2. "接"，练习者在完成两个以上的动作且站位方向没有改变时，用"接"来说明两个动作路径状态。

3. "换"，在若干个前后没有因果关系的动作或者两人以上完成同一或不同动作要改变彼此位置时，用"换"来说明动作或完成人员的路径。

4. "跨"，在完成两个以上动作或两条以上跳绳过程中，动作的路径要超越其中的一个动作或一条跳绳时，表现出来的动作路径称为"跨"。

5. "加"，超过三个以上独立动作合在一起变成另外一个新的动作套路时，用"加"来表示各单个动作间的关系，也可用"+"来表述。

6. "并"，正在完成的多个单个动作，为了展示而合在一起成为另外一个新的动作时，用"并"表述。在完成"并"的动作时，各个动作的性质及方向没有改变。

7. "分"，在完成多个单个动作组合成的套路过程中，为了练习的需要，把单个动作从整套动作中分离出来时，用"分"表述。"分"与"并"是动作路径相反的两个状态。

8. "平行"，指在完成练习时，两人以上按照同一方向或相反方向站位的状态及两个以上器械按照同一方向摆放的状态。

9. "交叉"，指练习者在完成某一动作时，四肢或所持跳绳在运动轨迹上互相错位而形成另外一个动作的姿态。

10."倒"，指练习者在完成某个动作时，处于冠状面上方的动作变为冠状面下方且手着地的过程。

11."翻"，指练习者在完成动作时，身体改变90°以上而形成另外一个动作的过程。

12."跳"，指练习者在完成动作时，通过爆发力将身体弹离地面大于20厘米的动作或者运用单（双）脚跨越目标障碍的过程。

13."小跳"，指练习者在完成动作时，通过爆发力将身体弹离地面小于20厘米的动作。

14."滚"，指练习者在完成动作时，使用的跳绳或人的身体沿着某一轨迹转动180°以上的练习方法。

团队跳绳组织方法动作编排命名说明

请读者在使用本书时阅读以下命名说明，以便准确理解动作，方便记忆和讲述。

1. "转"，练习者在完成某个动作过程中，从一个方向的动作改变成另一个方向的动作时，用"转"来说明两个动作连接起来的变化路径。

2. "接"，练习者在完成两个以上的动作且站位方向没有改变时，用"接"来说明两个动作路径状态。

3. "换"，在若干个前后没有因果关系的动作或者两人以上完成同一或不同动作要改变彼此位置时，用"换"来说明动作或完成人员的路径。

4. "跨"，在完成两个以上动作或两条以上跳绳过程中，动作的路径要超越其中的一个动作或一条跳绳时，表现出来的动作路径称为"跨"。

5. "加"，超过三个以上独立动作合在一起变成另外一个新的动作套路时，用"加"来表示各单个动作间的关系，也可用"+"来表述。

6. "并"，正在完成的多个单个动作，为了展示而合在一起成为另外一个新的动作时，用"并"表述。在完成"并"的动作时，各个动作的性质及方向没有改变。

7. "分"，在完成多个单个动作组合成的套路过程中，为了练习的需要，把单个动作从整套动作中分离出来时，用"分"表述。"分"与"并"是动作路径相反的两个状态。

8. "平行"，指在完成练习时，两人以上按照同一方向或相反方向站位的状态及两个以上器械按照同一方向摆放的状态。

9. "交叉"，指练习者在完成某一动作时，四肢或所持跳绳在运动轨迹上互相错位而形成另外一个动作的姿态。

10."倒",指练习者在完成某个动作时,处于冠状面上方的动作变为冠状面下方且手着地的过程。

11."翻",指练习者在完成动作时,身体改变90°以上而形成另外一个动作的过程。

12."跳",指练习者在完成动作时,通过爆发力将身体弹离地面大于20厘米的动作或者运用单(双)脚跨越目标障碍的过程。

13."小跳",指练习者在完成动作时,通过爆发力将身体弹离地面小于20厘米的动作。

14."滚",指练习者在完成动作时,使用的跳绳或人的身体沿着某一轨迹转动180°以上的练习方法。

目录

第一章　运用短绳开展团队活动的组织方法 ………………………… 1
　　一、折返跳绳接力跑 …………………………………………………… 2
　　二、一带二跳 …………………………………………………………… 4
　　三、跳绳接力跑 ………………………………………………………… 6
　　四、跳"竹竿绳" ……………………………………………………… 8
　　五、三人一绳轮换接力跳 ……………………………………………… 10
　　六、千分大关 …………………………………………………………… 12
　　七、六人穿梭跳短绳 …………………………………………………… 14
　　八、快快跳起 …………………………………………………………… 16
　　九、六人短绳"8"字跳 ……………………………………………… 18
　　十、正摇前后同步套人 ………………………………………………… 20
　　十一、同步跳短绳 ……………………………………………………… 22
　　十二、跳"竹竿舞" …………………………………………………… 24
　　十三、三人并排同步跳 ………………………………………………… 26
　　十四、并排交叉连锁跳 ………………………………………………… 28
　　十五、多人套绳跳 ……………………………………………………… 30
　　十六、两人一绳左右轮换单摇跳 ……………………………………… 32
　　十七、"搬运工" ……………………………………………………… 34
　　十八、"穿越隧道" …………………………………………………… 36
　　十九、正面反摇套人 …………………………………………………… 38
　　二十、正、反交替套人跳 ……………………………………………… 40
　　二十一、正摇跳短绳套人 ……………………………………………… 42
　　二十二、花样连锁趣味跳 ……………………………………………… 44
　　二十三、基本车轮跳 …………………………………………………… 46

1

二十四、10人交叉连锁跳 …… 48
二十五、正摇车轮带人跳 …… 50

第二章 运用长绳开展团队活动的组织方法 …… 53

二十六、荡绳 …… 54
二十七、穿梭长绳 …… 56
二十八、行进间同步跳长绳 …… 58
二十九、多人同步跳长绳 …… 60
三十、长绳"2+2"同步跳 …… 62
三十一、"1+1"跳长绳 …… 64
三十二、长绳波浪跳 …… 66
三十三、排山倒海跳 …… 68
三十四、"2+3"同步跳 …… 70
三十五、十人长绳"8"字跳 …… 72
三十六、四十人长绳"8"字跳 …… 74
三十七、网绳旋转跳 …… 76
三十八、"3-1"跳长绳 …… 78
三十九、"十"字长绳跳 …… 80
四十、"十"字长绳旋转跳 …… 82
四十一、跳"三角绳" …… 84
四十二、乘风破浪跳长绳 …… 86
四十三、穿梭跳长绳 …… 88
四十四、长绳同步跳接旋转180° …… 90
四十五、"Z"形长绳穿越跳 …… 92
四十六、小网绳 …… 94
四十七、往返穿梭长绳 …… 96
四十八、"O"形同步跳长绳 …… 98
四十九、"十"字绳穿梭接力跳 …… 100
五十、交互绳穿梭跳 …… 102
五十一、长绳套人跳 …… 104
五十二、递增折返跳长绳 …… 106
五十三、"四角绳"同步转换跳 …… 108
五十四、跳方阵 …… 110

五十五、"正方形"花式长绳 ········· 112
五十六、"W"形花式长绳 ········· 114
五十七、"2+5"长绳同步跳 ········· 116
五十八、交互绳接力跳 ········· 118
五十九、交互绳"8"字跳 ········· 120
六十、长绳并列"8"字接力跳 ········· 122
六十一、长绳并排交替"8"字跳 ········· 124
六十二、十人长绳同步跳接旋转360° ········· 126
六十三、三人交互绳轮换接力跳 ········· 128
六十四、移动"Z"字同步跳 ········· 130
六十五、十八人同步跳长绳 ········· 132
六十六、天罗地网 ········· 134
六十七、多人并排"8"字跳 ········· 136
六十八、交互绳并排"8"字跳 ········· 138

第三章　运用短绳与长绳结合开展团队活动的组织方法 ········· 141
六十九、绳中绳同步跳 ········· 142
七十、长绳连锁绳中绳跳 ········· 144
七十一、短绳连锁绳中同步跳 ········· 146
七十二、绳中绳组合跳 ········· 148
七十三、四人连锁绳中同步跳 ········· 150
七十四、"三角绳"趣味跳 ········· 152
七十五、交互绳并双短绳跳 ········· 154
七十六、"四角绳"趣味跳 ········· 156
七十七、"十"字长绳混合跳 ········· 158
七十八、蝴蝶绳中绳 ········· 160
七十九、绳中绳套人接力跳 ········· 162
八十、绳中绳一带一组合跳 ········· 164
八十一、绳中蝴蝶一带一跳 ········· 166
八十二、长绳+车轮跳 ········· 168
八十三、绳中绳一带一双摇跳 ········· 170
八十四、交互绳+双摇跳 ········· 172
八十五、"十"字绳+一带一跳 ········· 174

八十六、"*"字绳＋一带一跳 …………………………………… 176
八十七、交互绳并绳中绳跳 …………………………………… 178

第四章 运用长短绳与其他器械结合开展团队活动的组织方法 ……… 181
八十八、长绳＋往返跑 …………………………………… 182
八十九、长绳＋敏捷梯＋往返跑 …………………………………… 184
九十、双长绳＋敏捷梯＋往返跑 …………………………………… 186
九十一、长绳＋跳跳球 …………………………………… 188
九十二、长绳＋交接篮球跳 …………………………………… 190
九十三、"十"字绳＋跳跳球 …………………………………… 192
九十四、大网绳＋呼啦圈跳 …………………………………… 194
九十五、交互绳＋交接篮球 …………………………………… 196
九十六、长绳＋绕障碍＋并脚"Z"字跳＋往返跑 ……………… 198
九十七、交互绳＋绕障碍＋往返跑 …………………………………… 200
九十八、长绳＋跳小栏架＋往返跑 …………………………………… 202
九十九、长绳＋绕障碍＋往返跑 …………………………………… 204
一〇〇、交互绳＋跳小栏架＋往返跑 …………………………………… 206

参考文献 ……………………………………………………………… 208

第一章

运用短绳开展团队活动的组织方法

一 折返跳绳接力跑

难度指数 ★☆☆☆☆

练习目的

1. 提高练习者跳短绳的技能。
2. 发展练习者的灵敏度、协调性、平衡能力等身体素质。
3. 发展练习者持续奔跑的能力。

参与人数

男女不限，练习者10～12人一组为宜。

场地器材

平整空地；每组1根短绳。

组织方法

1. 在平整空地上，练习者面向起点线，在离起点线一臂的距离成一路纵队站立，在距离起点30米处设置一个终点，在终点处放置一根短绳。
2. 开始时，第一位练习者快速奔跑至终点并拿起短绳完成5次单摇跳，然后把绳放回原处，迅速跑回与第二名队员击掌后从旁边折返回队伍的后面继续排队，第二名队员出发进行同样的练习。
3. 后面所有的队员依此进行，直到完成确定的任务。

折返跳绳接力跑图示

教学建议

1. 起点线前后要留出一定的距离，用于练习者等候和冲刺缓冲。
2. 练习者向前奔跑时，眼看前方，跑成直线。
3. 跳完后要把短绳放回原处。

评价要点

1. 练习者是否乐于参与练习？
2. 练习者是否能够认真聆听规则及要求，在练习过程中能否按照要求去完成？
3. 练习者在跑进的过程中是否跑成直线？

二 一带二跳

难度指数
★☆☆☆☆

练习目的

1. 提高带人跳短绳的技能，丰富跳绳练习的方法。
2. 培养练习者的合作意识。

参与人数

男女不限，练习者每3人一组。

场地器材

平整空地；每组1根短绳。

组织方法

1. 在平整空地上，练习者3人一组成一路纵队排列，每组分发一根短绳，中间练习者双手持绳。
2. 练习时，中间同伴摇绳，3人同时起跳，连续完成一定的次数。

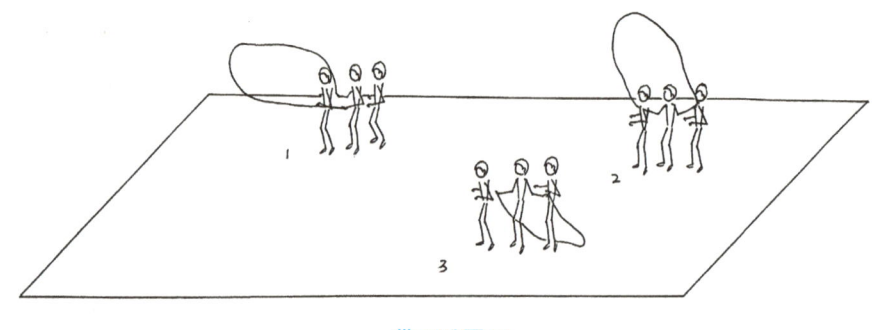

一带二跳图示

教学建议

1. 摇绳者将绳长调整至略长于正常单人跳的绳长，前臂前伸用手腕发力摇绳。

2. 3位队员要控制好自己的位置，跳绳者把双手置于体前并靠近身体，摇绳者和跳绳者可采用并脚跳或左右脚交换跳的方式跳绳，不能前后左右移动。

3. 跳绳时采用统一的口令指挥练习，在对动作熟练掌握后可尝试3人一边跳一边前后左右移动，或者以摇绳者为圆心转圈练习。

评价要点

1. 跳绳者的站位是否相对固定？摇绳的节奏是否稳定？
2. 跳绳者是否精力集中，起跳是否一致？
3. 在同伴失误时，是否能够及时鼓励并给予方法指导？

三、跳绳接力跑

难度指数
★☆☆☆☆

练习目的

1. 提高练习者跳短绳的技能。
2. 发展练习者的灵敏度、协调性、平衡能力等身体素质。

参与人数

男女不限,每组6~8人为宜。

场地器材

平整空地;每人1根短绳。

组织方法

1. 在平整空地上,练习者面向起点线,距离起点线一臂的距离成一路纵队站立,将距离起点30米处设置为终点。
2. 开始时,第一位练习者采用跑跳的方式跳向终点线(即一边跳绳一边跑步),然后从旁边折返回队伍的后面,后面所有的队员依此进行。
3. 在前面同伴练习时,等待的同伴双手持绳叉腰做原地开合跳。

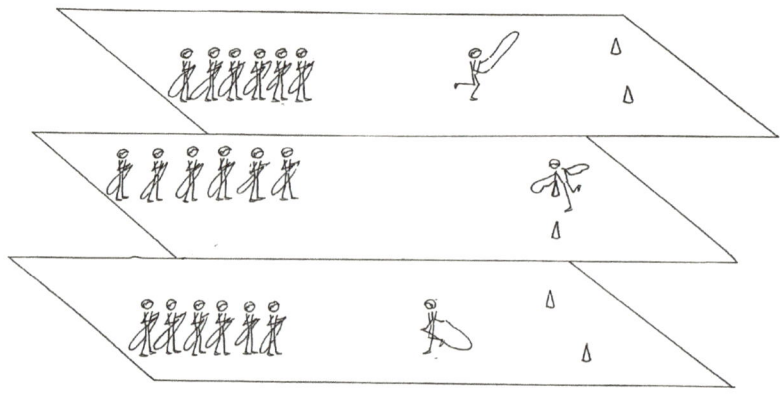

跳绳接力跑图示

教学建议

1. 起点线前后要留出一定的距离,用于练习者等候和冲刺缓冲。
2. 练习者向前跳绳时,要一步一跳,眼看前方。
3. 到达终点返回时慢走回来。

评价要点

1. 练习者是否乐于参与练习?
2. 练习者是否能够认真聆听规则及要求,在练习过程中能否按照要求去完成?

四 跳"竹竿绳"

难度指数
★☆☆☆☆

练习目的

1. 提高快速进出绳的技术水平，发展持续往返、跑跳的能力。
2. 培养敏捷、果断、勇敢的品质，学会同伴间互相协助及关注对方的方法。

参与人数

男女不限，练习者6～10人一组为宜。

场地器材

不小于3米×3米的平整空地；每组1根短绳。

组织方法

1. 在平整空地上，每组任意选定其中两人作为摇绳者，摇绳者单手持绳蹲下（绳距地面10～20厘米），跳绳者与短绳成垂直状，排成纵队站立。
2. 开始时，摇绳者用中等速度左右来回摆动短绳，跳绳者从头至尾依次跑跳越过摆动的跳绳，跑跳越过绳后绕过摇绳者返回起点，排队重新开始。

跳"竹竿绳"图示

教学建议

1. 根据跳绳者的技术水平，摇绳的速度从慢到快。可根据跳绳者的熟练度及体能选择绳的长度，技术及体能好则可以适当选择稍长些的绳，反之则选择较短的绳（可以采用计时、计数的方法控制跳绳的速度）。

2. 跑进路线可参照"8"字跳的方法往返、跑跳，跳绳时避免踩绳。为了让更多的参与者适应不同的角色，学习和体会不同的技术，可轮换摇绳与跳绳。

评价要点

1. 跳绳者跑进与跑出时是否果断、勇敢？
2. 摇绳者是否有意识地根据跳绳者的节奏调整左右摇绳的速度？
3. 跳绳者进出绳的身体姿势及技术是否合理？
4. 当体能消耗较大时，是否能够坚持按照要求继续参加练习？

五 三人一绳轮换接力跳

难度指数
★☆☆☆☆

练习目的

1. 发展练习者的协调性、平衡能力、灵敏度、节奏感等身体素质。
2. 培养练习者主动配合、关注同伴的意识。

参与人数

男女不限，练习者每3人一组。

场地器材

平整空地；每组1根短绳。

组织方法

1. 练习时，两人各持绳的一端有节奏地摇绳。另一人在绳中用左右脚交换跳的方法跳。
2. 完成一定时间或数量后换第二人跳绳，当第二人完成同样的练习后再换第三人，依次轮换。

三人一绳轮换接力跳图示

教学建议

1. 开始时，先进行空摇绳练习，当节奏稳定、用力均匀后再进行有人跳绳的练习，节奏可逐渐加快。

2. 摇绳者用左右开立或前后开立站位均可，跳绳者上体稍前倾，上肢屈臂置于体前。

3. 可以安排计时跳，如20秒、30秒等；也可以安排计数跳，如20次、30次等。每次练习任务完成后组织谈谈心理感受。

评价要点

1. 摇绳节奏是否稳定？两摇绳者之间的站位是否合适？
2. 跳绳者的姿势是否合理？抬脚的高度是否与摇的节奏相匹配？
3. 摇绳者与跳绳者交换时，是否衔接流畅？
4. 在谈感受时，是否能够主动提出自己的看法？
5. 当多次出现失误时，是否能够冷静思考，主动寻找失误的原因？

六 千分大关

难度指数
★☆☆☆☆

练习目的

1. 发展练习者的灵敏度、协调性、平衡能力、耐力等身体素质。
2. 培养练习者的集体荣誉感和成就感,让其体验到跳绳的乐趣。

参与人数

男女不限,练习者6~10人一组为宜。

场地器材

平整空地;每人1根短绳。

组织方法

1. 在平整空地上,练习者分成人数相等的两组,每人各持一条跳绳,两人间隔1.5米,练习时把每位队员一次完成的次数相加达到1000次为止。

2. 当听到开始信号后开始计时,由每组的第一位队员开始跳(方法不限),第一名队员失误后第二名队员继续,以此类推,当最后一名队员跳完而次数还没有达到1000次时,再次从第一名开始直至完成1000次。

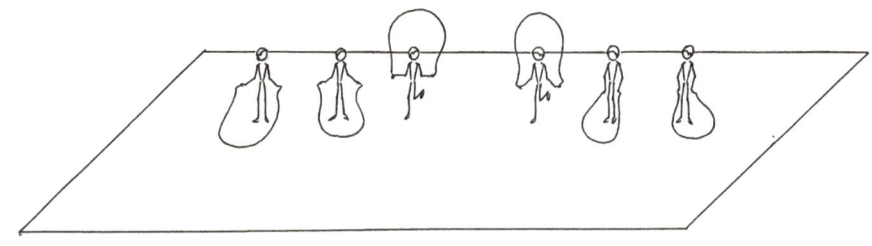

"千分大关"跳绳练习图示

教学建议

1. 跳绳的过程中队员之间不能互相影响，将技术好的队员与技术较弱的队员错开站位。
2. 根据练习时间及练习者的实际情况，可以改变目标数量，如500次、1500次、2000次等。
3. 根据学习的进度及内容进行练习，如左右脚交换跳1000次、开合跳500次等。

评价要点

1. 每位练习者在练习时是否关注同伴的完成情况？
2. 在准备过程中，是否听从组织者的指挥且行动迅速？
3. 参与者是否为本队尽可能增加次数而尽最大的努力？
4. 参与者能否用合理的技术完成练习？

七 六人穿梭跳短绳

难度指数
★☆☆☆☆

练习目的

1. 提高练习者对跳绳基本技能的掌握程度。
2. 培养练习者花样跳绳的兴趣，丰富花样跳绳的练习方法。
3. 培养练习者的反应和灵敏度素质，发展其快速奔跑能力。

参与人数

男女不限，练习者6~8人一组为宜。

场地器材

平整空地；每组1根短绳。

组织方法

1. 在平整空地上，选择一人双手持绳，其余练习者排成一纵队，持绳者以颠跳的形式原地并脚单摇跳绳，跳绳者排成纵队并与摇绳者方向垂直。
2. 摇绳者采用"1——2——，1——2——"的节奏连续摇绳，跳绳者依次跑跳入绳并与摇绳者完成一次跳绳，随后跑出。
3. 先完成的队员绕过摇绳者，回到原来位置重新开始。

六人穿梭跳短绳图示

教学建议

1. 摇绳者采用并脚跳的形式跳绳并保持节奏稳定，配合不连贯时采用喊口号、打拍子等方法进行节奏练习。

2. 跳绳者动作要干脆利落，跑入时机要把握准，当跳绳触地时便要马上跑出，练习一定的次数后轮换摇绳。

3. 跳绳者入绳、跳绳、出绳整个过程都要把双手靠近身体，以免干扰正常摇绳。

评价要点

1. 摇绳者摇绳的节奏是否稳定？是否在摇动自己的跳绳时不忘记提醒跳绳者跳绳的节奏？

2. 跳绳者是否精力集中？入绳、出绳是否果断迅速？

3. 摇绳者是否有意识地根据跳绳者的节奏、速度调整摇绳的力量？

八 快快跳起

难度指数
★★☆☆☆

练习目的

1. 提高跳绳练习的趣味性，发展练习者的弹跳能力，增强其身体素质。
2. 培养练习者协同配合能力，提高其整体合作意识；培养练习者不怕苦、不怕累的良好品质。

参与人数

男女不限，练习者10～20人一组为宜。

场地器材

平整空地；每组1根长度为3米左右的短绳。

组织方法

1. 在平整空地上，选择身高较高、力量较好的两名练习者先摇绳，其余练习者相隔约30厘米成一路纵队站好，摇绳者各持跳绳一端面向练习者站在队伍前面。
2. 开始时，两持绳队员在队伍的两侧单手持绳（保持跳绳高度离地约20厘米）保持一致的速度向队尾跑去，各跳绳者判断跳绳到来的时机依次迅速跳起使跳绳从脚下通过。
3. 摇绳者跑到队伍末尾后，替换两名练习者持绳跑至队伍的前面进行同样的练习，上一组摇绳者留下站在队尾作为跳绳者，如此依次进行。

"快快跳起"跳绳练习图示

教学建议

1. 绳的长度要稍长一些,摇绳者在整个练习过程中要保持好绳的高度(尽量控制在20厘米左右,也可以根据练习者的平均水平调整)。

2. 跳绳者在起跳时不能按压同伴的身体,起跳时尽量做到垂直向上起跳。

3. 持绳者在跑进时可以选择变化的速度,跑动途中如脱手,须在脱手处重新拉好绳再继续跑。

评价要点

1. 两名持绳者在跑进时,持绳高度是否稳定?
2. 跳绳者起跳的时机及速度如何?是否主动配合摇绳者的节奏?

九 六人短绳"8"字跳

难度指数
★★☆☆☆

练习目的

1. 提高练习者对"8"字跳的认识和理解。
2. 发展练习者的灵敏度、协调性、平衡能力、耐力、速度等身体素质。
3. 培养队员间密切配合的意识,帮助练习者克服心理障碍与增强自信心。

参与人数

男女不限,练习者每6人一组。

场地器材

平整空地;每组1根3米的短绳。

组织方法

1. 在平整空地上,把练习者分为6人一组。其中2人各持绳的一端,面向而立,双脚前后开立,其余4人成一路纵队站在任一摇绳者的一侧。
2. 开始时,持绳者摇绳,跳绳者从摇绳者左侧或右侧跑跳入绳,入绳后连续跳3次出绳,从对角方向出绳,出绳后经摇绳者身后绕到另一侧等候。
3. 其余练习者按照第一名练习者方法依次进行,直到所有队员都完成一次练习再重新开始。

六人短绳"8"字跳图示

教学建议

1．此练习在练习者掌握了助跑入绳和出绳后学习，练习前先复习单人的进绳和出绳技术。

2．练习者在绳中连续跳的次数由3次开始，再到2次，最后到跳1次就出绳，摇绳节奏和跑动的速度也由慢到快。

3．当练习者的动作技术到了泛化阶段时，组织者注意示范和讲解，以帮助练习者建立合理的动作表象，改进技术，提高练习的质量，为以后学习多人的"8"字跳打下基础。

4．当双脚跳熟练后改为单脚跳。跳绳者由双脚跳改为单脚跳时，先进行跳空绳练习（两摇绳者分别持绳的一端，同时用力把跳绳拉起使绳的圆弧最低点离地约10厘米，其余队员按照"1——2——3"的节奏进行不摇绳跑跳练习）。

评价要点

1．每位练习者是否都能积极练习，乐于参与？

2．摇绳者是否具有根据跳绳者能力及动作状态调整摇绳节奏的意识和能力？

3．当同伴出现失误时，表现出来的态度是怎样的？

4．练习者是否具有完成整个练习的体能和坚强的意志力？

十 正摇前后同步套人

难度指数
★★★☆☆

练习目的

1. 提高练习者的花样跳绳技能。
2. 发展练习者的灵敏度、协调性、平衡能力、速度等身体素质。
3. 培养练习者的团队协作、统一行动的意识，帮助他们克服心理障碍与增强自信心。

参与人数

男女不限，练习者7～9人一组为宜。

场地器材

平整空地；每组1根短绳。

组织方法

1. 开始时，选择一人持短绳作为套人者，该组其余练习者再平均分成两组作为被套者，两组队员面对面站立（前后左右间隔约50厘米），套人者站在两队伍的任一边的中间。

2. 练习时，采用向左或向右并脚"一跳一进"的方式开始。"一跳"即持绳者与跳绳者组成一带二跳（两组被套者与摇绳者形成一前一后的三人组合）的方式跳绳；"一进"即在两被套者之间并脚单摇跳一次。直到与作为被套者的所有人都完成一次一带二跳。

正摇前后同步套人跳绳练习图示

教学建议

1. 全队统一口令，在无绳的情况下按照口令的节奏练习。开始套第一组的两人时，可在外侧空跳几次以找到节奏，被套的两人跟着节奏一起空跳，等套人者摇绳跳至两人之间时一起起跳。

2. 开始练习时，人数可由4~5人开始，当熟练后逐渐增多，以提高挑战性。

3. 开始时选择跳绳技术和节奏好的人作为套人者，练习时速度由慢到快，也可以一跳一停。

4. 套人者要注意移动位置的准确性，判断被套者的起跳速度和提示跳跃的高度。

评价要点

1. 套人者与被套者的配合程度如何？全队的节奏是否一致？
2. 完成整个练习的成功率及流畅性如何？
3. 失误后是否知道该如何调整技术及站位？
4. 当同伴出现失误时，表现出来的态度是怎样的？
5. 套人者是否具有完成整个练习的体能和坚强的意志品质？
6. 练习者是否表现出坚强的信心，大胆地尝试？

十一 同步跳短绳

难度指数
★★☆☆☆

练习目的

1. 提高练习者的花样跳绳技能，培养练习者跳绳的节奏感。
2. 发展练习者的灵敏度、协调性、平衡能力、耐力等身体素质。
3. 培养练习者互相协调、主动配合的意识。

参与人数

男女不限，练习者6~8人一组为宜。

场地器材

平整空地；每人1根短绳。

组织方法

1. 在平整空地上，跳绳者按照规定的队形站位（左右间隔不小于1米）。
2. 练习时指挥者统一指挥，当发出开始信号后，所有练习者按照规定的内容同步完成动作，每次不能少于4个动作，每个动作为4个8拍。

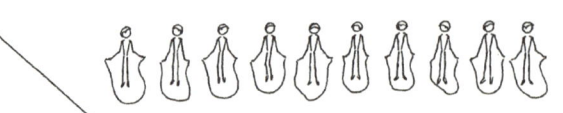

同步跳短绳图示

教学建议

1．开始练习时，每位练习者都需明确要完成的内容、内容的顺序、数量等。

2．选取的内容应该是所有练习者都已经掌握且比较熟练的。

3．开始练习时，用音乐伴奏，练习者跟着音乐节奏练习，并且每位练习者大声喊出节拍，以便判断自己的动作是否同步。

评价要点

1．练习者是否乐于参与同步跳练习？

2．练习者是否能够认真聆听规则及要求，在练习过程中忘记动作的现象是否常出现？

十二 跳"竹竿舞"

难度指数 ★★☆☆☆

练习目的

1. 发展练习者敏捷性、平衡能力、灵活性、协调性等身体素质。
2. 培养练习者的节奏感及同伴间的协作意识和能力，培养其勇敢、果断的品质。

参与人数

男女不限，练习者以 10～20 人一组为宜。

场地器材

平整空地；每组 2 根约 4.2 米的长绳。

组织方法

1. 在平整空地上，练习者分为"打竿者"和"跳舞者"两组，"打竿者"两人一小组分别左右手各持绳的一端，两两相对蹲立，两绳相并。其余练习者双脚分开分别跨在两长绳上。

2. 练习开始后，所有练习者齐喊口令"开——合——开——合，开开——合合"，持绳队员控制长绳在"开"口令时分开，"合"口令时合并到一起，"开开"口令时分开并上下打一次地，"合合"口令时，把两根跳绳合并且上下打一次地。

3. 跳绳队员在"开"口令时，单脚跳入两长绳之间，"合"口令时，双脚分开跨在两根长绳外侧。"开开""合合"口令时，分别在开打的两长绳内侧和合并的两长绳外侧点脚一次。

跳"竹竿舞"练习图示

教学建议

1. 开始时,"跳舞者"和"打竿者"分开练习,"跳舞者"在旁侧随着练习节奏的建立再合并一起练习。

2. 当基本动作熟练后,可以加上前进、后退、挥手、转身等动作,以提高练习的趣味性。

3. "打竿者"在打绳时不但要把握节奏,还要把绳拉紧,使整根绳都能按照节奏运动。

4. "跳舞者"要一起放松大声喊口令,大家一起按照节奏去练习各种动作。

5. 完成一定次数或时间后,交换"跳舞者"和"打竿者"角色。

评价要点

1. "打竿者"打绳时是否能控制好节奏?
2. "跳舞者"是否乐于参与,并主动尝试各种"跳舞方式"?

十三 三人并排同步跳

难度指数
★★☆☆☆

练习目的

1. 提高练习者三人并排同步跳短绳技能。
2. 培养练习者控制节奏的能力。
3. 发展练习者协调性、灵敏度、平衡能力、下肢力量等身体素质。

参与人数

男女不限,练习者每3人一组。

场地器材

平整空地;每组1根短绳。

组织方法

1. 在平整空地上,练习者分为3人一组面向同一方向站立,在两端的两人的外侧手各持绳的一端。
2. 练习时,持绳者摇绳,3人同时采用左右脚交换跳或并脚跳的方法练习。

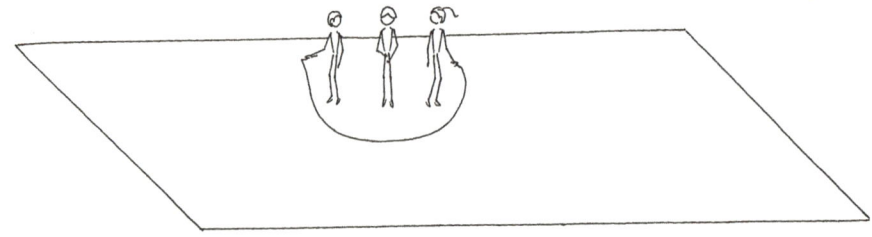

三人并排同步跳图示

教学建议

1．摇绳者将绳长调整至略长于正常单人跳绳长，摇绳时力量均匀，先进行两跳一摇的（也称为颠跳）的练习。

2．所有跳绳者要按指挥者的口令统一完成动作，在练习的过程中不能停顿，用两眼的余光判断旁边同伴的节奏，努力使自己的节奏与同伴的一致。

3．每次练习任务完成后，组织摇绳者与跳绳者互相给对方提建议，并讨论总结改进的方法。

评价要点

1．摇绳节奏是否稳定？两摇绳者之间的站位是否合适？
2．三人的节奏是否一致？
3．摇绳者的前臂力量是否能够满足练习的需要？
4．在总结时是否能够主动提出自己的看法？
5．当多次出现失误时，是否能够冷静思考，主动寻找失误的原因？

十四 并排交叉连锁跳

难度指数
★★☆☆☆

练习目的

1. 提高练习者并排正摇交叉短绳花样的技能。
2. 培养练习者控制节奏和观察的能力。
3. 发展练习者协调性、灵敏度、平衡能力等身体素质以及统一行动的意识和能力。

参与人数

男女不限，练习者6～8人一组为宜。

场地器材

平整空地；每人1根短绳。

组织方法

1. 每人持一根短绳并排站立，两人之间间隔约20厘米。跳绳的练习者以单人单摇跳的准备姿势站立，且相邻两人的绳把交换，使跳绳形成交叉连锁。
2. 起跳时，可指定一人作为指挥者，起跳时发出统一口令或全队一起喊口令控制练习节奏。
3. 任何人出现失误，全队须停止练习，并迅速整理绳和站位，恢复至开始姿势再继续练习。

并排交叉连锁跳图示

教学建议

1. 摇绳者将绳长调整至略长于正常单人跳绳长，摇绳时力量均匀，先进行两跳一摇（也称为颠跳）的练习。
2. 所有跳绳的队员要按指挥者的口令统一完成动作，用眼睛余光判断旁边同伴的节奏以保持节奏统一，避免停顿。
3. 练习时，把队员分成两人一组，熟练后再把几组组合在一起练习。也可以先进行两人的练习，熟练后再增加一人进行练习，逐渐增加人数。
4. 为了培养练习者的创新意识和能力，可以引导练习者进行并排反摇连锁跳短绳、交叉开合跳绳等练习方法的尝试。
5. 每次练习任务完成后，组织摇绳者与跳绳者互相给对方提建议，并讨论改进的方法。

评价要点

1. 参加者是否有强烈的责任意识？行动是否果断？
2. 在整个活动中，是否听从组织者的指挥并主动调整自己的节奏？
3. 在练习过程中，是否为尽可能增加成功的次数而努力？
4. 当同伴出现失误时，表现出来的态度是怎样的？
5. 当掌握基本练习方法后，是否大胆尝试一些新的跳法？

十五 多人套绳跳

难度指数
★★☆☆☆

练习目的

1. 培养练习者掌握入绳时机，提高花样跳绳技能。
2. 发展练习者的灵敏度、协调性、平衡能力、速度等身体素质。
3. 培养练习者的团队协作、统一行动的意识，帮助他们克服心理障碍与增强自信心。

参与人数

男女不限，练习者8～10人一组为宜。

场地器材

平整空地；每人1根短绳。

组织方法

1. 在平整空地上，练习者双手持绳成一列横队站立（左右间距约50厘米），分别编号为1，2，3，4，5，6,…

2. 练习时，由1号开始分别带2号、3号、4号……跳，当1号准备带4号跳时，2号接着按照1号的方法依次带3号、4号、5号、6号……跳，其余各练习者依次按同样的方法练习。

3. 所有练习者与最后一名练习者完成练习后迅速跑回原来位置，继续进行同样的练习。

多人套跳绳图示

教学建议

1. 绳子要稍长些，带人摇绳时要保持一定的弧度，绳要打到地面上，用颠跳套人或两弹一跳的方式套人跳。

2. 持绳排队等候的练习者要注意双手持绳把，并把绳收拢于腰际，以免所持绳与带人者的绳缠绕。

3. 每次练习时，设置不同的任务和要求（如用颠跳、弹跳、并脚跳、左右脚交换跳等完成），据练习的任务设置练习次数。

评价要点

1. 带人者是否认真负责？是否在摇动自己的跳绳时不忘记提醒跳绳的节奏？

2. 跳绳者是否精力集中？起跳是否果断？

3. 摇绳者是否有意识地根据跳绳者的节奏、速度调整摇绳的力量？

4. 在同伴失误时，是否能够及时鼓励并给予方法指导？

十六　两人一绳左右轮换单摇跳

难度指数
★★☆☆☆

练习目的

1. 提高练习者双人花样跳绳的技能。
2. 发展练习者综合身体素质。
3. 培养练习者观察和了解同伴的意识，提高其身体的协调性。

参与人数

男女不限，练习者每2人一组。

场地器材

平整空地；每组1根短绳。

组织方法

1. 练习前，两人左右并排站立（相隔约50厘米），并且两人均用外侧手握绳柄（即一个用左手，另一个用右手）。
2. 练习时，左侧队员不跳绳，辅助绳子首先通过右侧队员身体一周，接着右侧队员不跳绳，辅助绳子再次通过左侧队员身体一周，如此循环练习。

两人一绳左右轮换单摇绳图示

教学建议

1. 辅助练习可以采用无绳练习方式进行，通过数拍子完成徒手动作，熟练后再组合跳绳练习。
2. 选择身高相差不大的练习者为同一个小组。
3. 全队统一口令，口令可采用"1——2——，1——2——"的形式进行。

评价要点

1. 两名练习者之间的配合程度如何？
2. 完成整个练习的成功率及流畅性如何？
3. 失误后是否知道该如何调整？
4. 练习者是否具有完成整个练习的体能和坚强的意志品质？

十七 "搬运工"

难度指数 ★★☆☆☆

练习目的

1. 提高练习者合作移动跳短绳的技能，培养练习者控制节奏的能力。
2. 发展练习者的协调性、灵敏度、平衡能力、下肢力量等身体素质。

参与人数

男女不限，练习者5~8人一组。

场地器材

不小于10米×15米的平整空地；每组1根短绳。

组织方法

1. 在平整空地上，把练习者分为5~8人一组，队员之间的间隔约50厘米，成一路纵队站在起点线处，将相距起点约10米处设为终点。
2. 练习时，队伍最前面的两名队员先摇绳，第三名队员先跳绳。两名摇绳者各持绳的一端面向终点移动摇绳，跳绳者跟随摇绳者一边跳绳一边向终点移动，到达终点后摇绳者跑回起点"运输"下一位伙伴，跳绳者在终点等候，直到把所有同伴都"运"至终点。

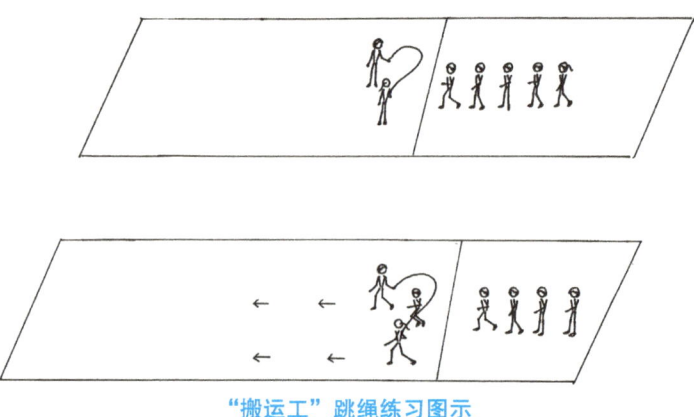

"搬运工"跳绳练习图示

教学建议

1. 摇绳者将绳长调整至略长于正常单人跳绳长，摇绳时力量均匀，先采用两跳一摇的方法跳动（即颠步跳）。
2. 在练习的过程中不能停顿，用两眼的余光判断终点方向。
3. 练习完成后，组织摇绳者与跳绳者互相给对方提建议，并讨论改进的方法。

评价要点

1. 摇绳节奏是否稳定？三人合作过程中的节奏是否一致？
2. 摇绳者的前臂力量是否能够满足练习的需要？
3. 在总结时是否能够主动提出自己的看法？

十八 "穿越隧道"

难度指数
★★★☆☆☆

练习目的

1. 锻炼练习者对入绳时机的掌握,提高练习者花样跳绳的技能。
2. 发展练习者的灵敏度、协调性、平衡能力、速度等身体素质。
3. 培养练习者的团队协作、统一行动的意识,帮助他们克服心理障碍与增强自信心。

参与人数

男女不限,练习者8～10人一组为宜。

场地器材

平整空地;每人1根短绳。

组织方法

1. 一人不用持绳在队伍外等候,其余练习者在平整的空地内持短绳按间距约30厘米成一列横队站立。
2. 开始时由指挥者发出指令,所有持绳队员都按照统一的节奏同步摇跳短绳,等候的队员跑入第一根跳绳并与第一位队员完成一次一带一跳,然后出绳并跑入第二根跳绳完成一带一跳,依次完成与所有持绳队员的一带一跳。
3. 其余队员的跳法与第一位队员相同。

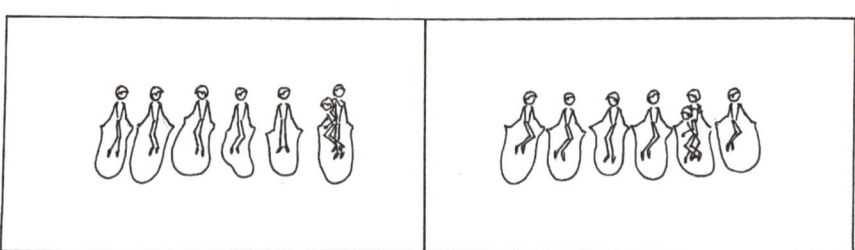

"穿越隧道"跳绳练习图示

教学建议

1. 开始时，先把跳绳的队员每2人一组分组练习摇绳，在熟练完成一带一跳的技术后进行此练习。

2. 采用"1——2——3——，1——2——3——"的节奏指挥练习。带人跳绳时，当听到口令"1——"时跳绳者入绳，口令"2——"时摇绳者、跳绳者同步起跳，口令"3——"时跳绳者出绳。

3. 根据发展体能的需要，每组练习由5次、8次、10次……逐步增加。练习到一定的程度后，跳绳者与摇绳者交换角色。

4. 每次练习任务完成后，组织摇绳者与跳绳者互相给对方提建议，并讨论改进的方法。

评价要点

1. 摇绳者是否集中注意力，能够保持自己摇绳的节奏与团队的一致？

2. 在整个活动中，练习者是否听从组织者的指挥并做到令行禁止？

3. 跳绳者出入绳时，是否衔接流畅？

4. 当同伴出现失误时能否鼓励同伴？

5. 跳绳者与摇绳者的体能表现如何？

十九 正面反摇套人

难度指数
★★★☆☆

练习目的

1. 提高练习者套人跳绳的练习技能，丰富练习形式。
2. 发展练习者的身体素质。
3. 培养练习者的合作意识，以及不怕失败、勇于挑战的意志品质。

参与人数

男女不限，练习者8～10人一组为宜。

场地器材

平整空地；每组1根短绳。

组织方法

1. 在平整空地上，选取一位练习者为套人者（持绳者），其余人员为跳绳者，跳绳者左右间隔约50厘米成一列横队站立。
2. 套人者双手持绳，以反摇跳的姿势由队伍的前面开始与跳绳者进行套人跳，摇绳者每套人跳一次后空摇一次，每摇一次绳向跳进的方向移动一步。
3. 套人者到队伍的末尾后，与最后一名交换角色。依次进行，直到所有队员都完成一次套人跳。

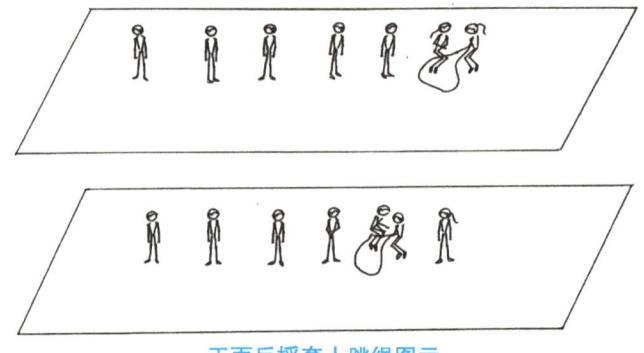

正面反摇套人跳绳图示

教学建议

1. 摇绳者将绳长调整至略长于正常单人跳绳长，以肩关节为轴双手前伸摇绳。
2. 跳绳者主动迎接摇绳者，注意把握好距离，在整个练习过程中跟随跳绳节奏做原地小跳。
3. 套人者和跳绳者均采用并脚跳的方式跳绳，跳绳者把双手置于体前并靠近身体。
4. 套人者在行进的过程中，动作稍缓些，用双脚前脚掌蹬地，移动时用两眼余光观察路线。

评价要点

1. 套人者跳进的动作是否一步到位？摇绳的节奏是否稳定？
2. 跳绳者是否精力集中，起跳是否果断？
3. 跳绳者是否有意识地根据摇绳者的节奏调整起跳时机？

二十 正、反交替套人跳

难度指数
★★★★☆☆

练习目的

1. 丰富套人跳练习的内容，锻炼练习者对套人跳绳时机的掌握。
2. 发展练习者的体能。
3. 通过小组之间的默契配合，培养练习者的团体意识、合作精神。

参与人数

男女不限，练习者8～10人一组为宜。

场地器材

平整空地；每人1根短绳。

组织方法

1. 在平整空地上，选取一位为套人者（持绳者），其余人员为跳绳者并左右间隔50厘米成一列横队站立（可分别编号为1，2，3，4，5，6，…）。
2. 开始时，套人者双手持跳绳，从正面将奇数（1，3，5，…）跳绳者套入，绕至后方将偶数（2，4，6，…）套入（即套人者套完1号后，从1号和2号之间的间隔绕至2号的后面，形成套人者与2号成背靠背的状态）。
3. 依次进行，直到和所有队员合作完成。

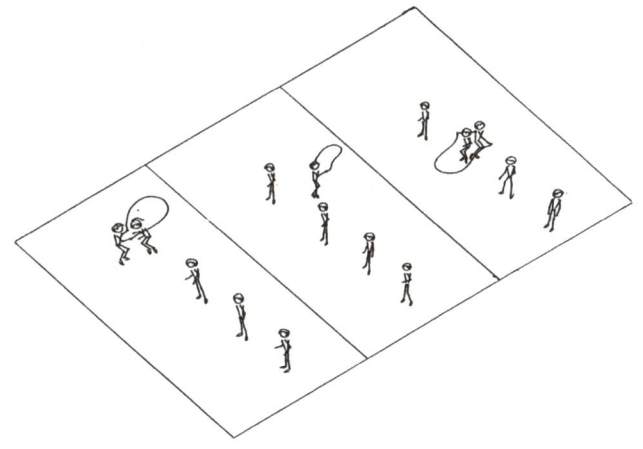

正、反交替套人跳图示

教学建议

1. 摇绳者将绳长调整至略长于正常单人跳绳长，以肩关节为轴双手前伸摇绳。

2. 跳绳者主动迎接摇绳者，注意把握好距离，在整个练习过程中跟随跳绳节奏做原地小跳。

3. 套人者和跳绳者均采用并脚跳的方式跳绳，跳绳者把双手置于体前并靠近身体。

评价要点

1. 套人者跳进的动作是否一步到位？摇绳的节奏是否稳定？
2. 跳绳者是否精力集中，起跳是否果断？
3. 跳绳者是否有意识地根据摇绳者的节奏调整起跳时机？
4. 在同伴失误时，是否能够及时鼓励并给予方法指导？

二十一 正摇跳短绳套人

难度指数
★★☆☆☆

练习目的

1. 培养练习者的观察能力和相互协助的意识。
2. 培养练习者快速适应变化的练习环境。
3. 发展练习者勇敢、果断、顽强的良好品质。

参与人数

男女不限,练习者8~10人一组为宜。

场地器材

平整空地;每组1根短绳。

组织方法

1. 在平整空地上,选择一名练习者持短绳作为套人者,其余为被套者并左右间隔约50厘米一字排开。
2. 开始时,套人者站在队伍的任一边采用向左或向右并脚跳的方式进行,以"一跳一出"的方式开始。"一跳"即与被套者组成一带一跳的方式跳绳,"一出"即在两被套者之间并脚单摇跳一次,直到与所有被套者都完成一次一带一跳。

正摇跳短绳套人图示

教学建议

1. 开始时选择跳绳技术和节奏好的人作为套人者。
2. 全队统一口令，在无绳的情况下按照口令的节奏颠跳。
3. 练习时速度由慢到快，也可以一跳一停。
4. 开始练习时，人数可以减少至4～5人，当熟练后再合并成一队进行练习。
5. 套人者要注意移动位置的准确性，判断被套者的起跳速度并提示跳跃的高度。
6. 每次练习任务完成后，组织摇绳者与跳绳者互相给对方提建议，并讨论改进的方法。

评价要点

1. 套人者与被套者的配合程度如何？全队的节奏是否一致？
2. 完成整个练习的成功率及流畅性如何？
3. 失误后是否知道该如何调整技术及站位？
4. 在整个活动中，参与者是否听从组织者的指挥并行动迅速？
5. 当同伴出现失误时，表现出来的态度是怎样的？
6. 套人者是否具有完成整个练习的体能和坚强的意志品质？

二十二 花样连锁趣味跳

难度指数
★★★☆☆

练习目的

1. 提高练习者的花样跳绳技能，发展其灵敏度、协调性、平衡能力等身体素质。
2. 培养练习者的观察能力和协作配合的意识。
3. 发展练习者勇敢、果断、顽强的品质。

参与人数

男女不限，练习者 8~10 人一组为宜。

场地器材

平整空地；每组 2 根约 3 米的短绳。

组织方法

1. 在平整空地上，以 8 人为一个练习小组，选择其中 4 名练习者为摇绳者，其余为跳绳者。
2. 4 名摇绳者各持短绳手柄的一端面对面站立，然后相邻的两名摇绳者交换位置，使两根短绳交叉连锁（如图所示），其余跳绳者站于短绳外等候。
3. 练习时，短绳外侧的两名摇绳者只摇绳不跳绳，中间的两名摇绳者既要摇绳又要跳绳，并且需同步进行。当跳绳节奏稳定后，跳绳者方可进入绳中，完成练习后向前跳出，然后调头返回到队伍末尾。
4. 其余跳绳者依次进行。当全部跳绳者完成后，与摇绳者交换角色进行练习。

花样连锁趣味跳图示

教学建议

1. 先进行站位练习，每位练习者在站位时观察同伴间的距离，可以选择参照物以便在练习时参照调整自己的位置。

2. 练习者在完成站位后进行空跳练习，体验对位置的感知及与同伴的配合。

3. 由个子稍高的队员担任外侧的摇绳者，开始时摇绳的弧度和速度要控制好，双脚跳起的高度要稍高于平时的并脚跳。

4. 跳绳中部的两名摇绳者之间的距离大约为50厘米，距离太大会使外侧跳绳者跳绳的空间不足，距离太小会使摇绳者跳跃难度增大。

5. 跳的过程中尽量不要左、右、前、后移动。

6. 练习时，人数和练习的次数以由少到多的原则进行。

7. 每个内容练习的次数根据技能和体能而定，建议在10~20次之间。

评价要点

1. 每位练习者是否都有强烈的责任意识？注意力是否高度集中？
2. 在整个活动中，练习者是否注意聆听组织者的要求并反应快速？
3. 在练习过程中，练习者是否为尽可能增加成功的次数而尽最大的努力？
4. 当同伴出现失误时，表现出来的态度是怎样的？
5. 练习者是否具有足够的耐心和同伴一起探讨练习的方法？

二十三 基本车轮跳

难度指数
★★☆☆☆

练习目的

1. 提高练习者的车轮跳绳的技能。
2. 发展练习者的灵敏度、协调性、平衡能力、力量等身体素质。
3. 培养练习者互相协作完成任务的意识。

参与人数

男女不限，练习者每2人一组。

场地器材

平整空地；每人1根短绳。

组织方法

1. 在平整空地上，以2人为一个练习小组，两人并排站立，分别各持短绳一端，且两人相邻的绳柄相互交换，同时把绳置于身后（如图所示）。
2. 开始时，一人先向前摇动，当摇至最高点时另一绳也开始向前摇动，两人依次分别跳跃过两绳，从两绳的运动轨迹看，两绳始终相距180°，形成两绳一上一下，一前一后的状态，整个轨迹连线像车轮在转动，称之为"车轮跳"。

基本车轮跳练习图示

教学建议

1. 开始时，先进行单人的无绳模仿摇绳练习，双手伸直形成一上一下、一前一后的交替转动练习。当单人练习熟练后双人按照车轮跳的技术要求站位进行无绳的车轮跳练习。

2. 单人双手各持一根折叠的短绳模仿车轮跳的摇绳练习。当单人练习熟练达到一定程度后，按照车轮跳的技术要求站位进行甩折叠短绳的练习。

3. 在第1、2点辅助练习熟练后，加上脚步动作一起练习，在练习时每摇绳一次并脚跳一次。

4. 两人合作车轮跳开始时，节奏要轻跳慢摇，采用"1——2——，1——2——"的节奏指挥练习。

6. 根据发展体能的需要，每次练习由50次、80次、100次……逐步增加。

评价要点

1. 练习者在进行辅助练习时态度是否认真，思想上是否重视辅助练习？

2. 在练习的过程中，同伴间是否互相帮助和鼓励？遇到困难是否共同商量解决办法？

3. 摇绳者的体能表现如何？

二十四 10人交叉连锁跳

难度指数
★★★★☆

练习目的

1. 提高练习者交叉连锁跳短绳的能力。
2. 培养练习者控制节奏和观察的能力。
3. 发展练习者协调性、灵敏度、平衡能力等身体素质。
4. 培养练习者统一行动的意识和能力。

参与人数

男女不限,练习者每10人一组。

场地器材

平整空地;每人1根短绳。

组织方法

1. 在平整空地上,10位练习者每人各持一根短绳并排站立,左右间隔约20厘米。
2. 开始前,以单人单摇跳的准备姿势站立,且相邻两人的绳把交换,使跳绳形成交叉连锁。
3. 起跳时,可指定一人作为指挥者,起跳时发出统一口令或全队一起喊口令控制练习节奏,直到完成任务或有人失误为止。

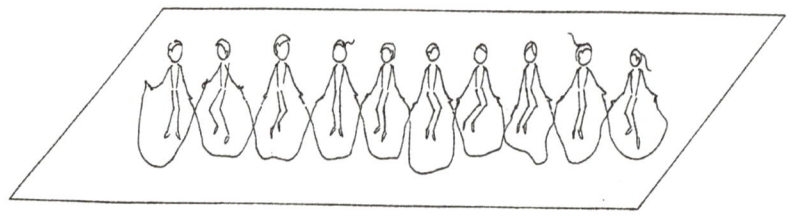

10人交叉连锁跳图示

教学建议

1. 练习时，绳的长度比单摇跳时要稍长些，摇绳时力量均匀，先进行两跳一摇（也称为颠脚跳）的练习。

2. 所有跳绳的队员要按指挥者的口令统一完成动作，在练习的过程中不能停顿，用两眼的余光观察旁边同伴的节奏，努力使自己的节奏与同伴一致。

3. 练习时，先把队员分成2人一组，熟练后再组合在一起练习。也可以先进行2人一组的练习，熟练后再增加一人进行练习，随着成功次数的增多，逐渐增加人数，直到增加至10人为止。

4. 练习完成后，组织摇绳者与跳绳者互相给对方提建议，并讨论改进的方法，谈谈自己的心理感受。

评价要点

1. 是否有强烈的责任意识？整个练习过程是否做到令行禁止？
2. 在整个活动中，是否听从组织者的指挥并主动调整自己的节奏？
3. 在练习过程中，是否为尽可能增加成功的次数而努力？
4. 当同伴出现失误时，表现出来的态度是怎样的？

二十五 正摇车轮带人跳

难度指数
★★★★☆☆

练习目的

1. 提高练习者的花样跳绳技能。
2. 发展练习者的灵敏度、协调性、平衡能力、力量、耐力等身体素质。
3. 培养练习者与同伴互相协调、协作完成任务的意识。
4. 培养练习者勇敢、果断、勇于克服困难的品质。

参与人数

男女不限，练习者6~8人一组为宜。

场地器材

平整空地；每组2根短绳。

组织方法

1. 在平整空地上，练习者6~8人一组，每组选择两名摇绳技术较好的为摇绳者，其余为跳绳者。
2. 摇绳者按照正摇车轮基本单摇跳的方法进行摇绳，跳绳者站在任一摇绳者旁边，当车轮绳摇起并节奏稳定时，跳绳者按照一带一跳的方法入绳，并与车轮绳一起完成跳绳练习。

正摇车轮带人跳图示

教学建议

1. 开始时，先由两名摇车轮绳熟练的队员作为摇绳者，并在带人跳前练习基本车轮跳，直到节奏稳定时才尝试带人跳。

2. 摇绳的两名队员采用并脚跳的方法进行，节奏要轻跳慢摇。

3. 采用"1——2——，1——2——"的节奏进行练习。带人跳绳时，当听到口令"1——"时跳绳者入绳，口令"2——"时跳绳者与摇绳者同步起跳，连续进行。

4. 根据发展体能的需要，每组练习由5次、8次、10次……逐步增加。

5. 练习到一定的程度后，跳绳者与摇绳者交换角色。

评价要点

1. 跳绳者是否有强烈的责任意识？注意力是否高度集中且不影响车轮绳的节奏？

2. 在整个活动中，练习者是否听从组织者的指挥并行动迅速？

3. 前一名队员与后一名队员在出入绳时是否衔接流畅？

4. 当同伴出现失误时能否鼓励同伴的？

5. 当多次出现失败时，是否能够冷静思考，主动寻找失败的原因？

6. 摇绳者的体能表现如何？

第二章

运用长绳开展团队活动的组织方法

二十六 荡绳

难度指数
★☆☆☆☆☆

练习目的

1. 提高跳绳练习的趣味性，发展练习者的弹跳能力，增强练习者的身体素质。
2. 培养练习者团队之间相互配合的意识和能力。
3. 培养练习者不怕苦、不怕累的良好品质。

参与人数

男女不限，练习者8～10人一组为宜。

场地器材

平整空地；每组1根长度为4.2米左右的长绳。

组织方法

1. 在平整空地上，划定一个4米×4米左右的区域，选身高较高、腰腹力量及上肢力量较好的两名练习者为摇绳者，其余练习者为跳绳者。
2. 摇绳者站在练习区域中央双手持绳，双脚左右开立，把长绳拉起使绳的中间弧度离地面约10厘米，跳绳者在区域外等候。
3. 开始时，两持绳者双手持绳手腕用力使长绳像钟摆一样做左右摆动，练习者迅速从练习区域的一边跑向另一边，跑进过程中遇到摆动的跳绳要及时起跳并跑向对面边线，脚踩边线后迅速转身返回，重复进行。直到完成练习的任务为止。

荡绳练习图示

教学建议

1. 选择摇绳者时，要考虑其身高、上肢力量是否满足要求。
2. 摇绳者在整个练习过程中要控制好绳摆动的节奏。
3. 跳绳者用中等速度跑动和起跳，可以采用任意一种安全的方式，要避开同伴跑进的路线。
4. 练习时可以根据练习者的体能情况，增大或减小区域的大小。
5. 在动作熟练后，安排2人一组进行同步的折返、跑跳练习。

评价要点

1. 两名摇绳者在摇绳过程中速度及节奏如何？
2. 跳绳者起跳的时机及速度如何？是否有冲撞同伴的行为？
3. 在练习过程中失误的次数是否过多？
4. 练习者在整个练习过程中是否乐于练习？

二十七 穿梭长绳

难度指数
★☆☆☆☆

练习目的

1. 提高练习者花样跳绳的技能，丰富花样跳绳的练习方法。
2. 培养练习者的反应能力和灵敏度，发展其快速奔跑能力。

参与人数

男女不限，练习者6~8人一组为宜。

场地器材

平整空地；每组1根3.6米或4.2米的长绳。

组织方法

1. 选择摇绳节奏较好的两名练习者为摇绳者，其余练习者平均分成两个练习小组，并分别垂直于长绳成纵队站立，分别编号为1，2，3，…

2. 练习开始，每组的1号队员快速从摇起的长绳下方穿梭通过，2号、3号……按照1号的方法依次完成。

3. 完成练习的队员分别从左、右、后方绕过摇绳者，回到原来位置重新开始。

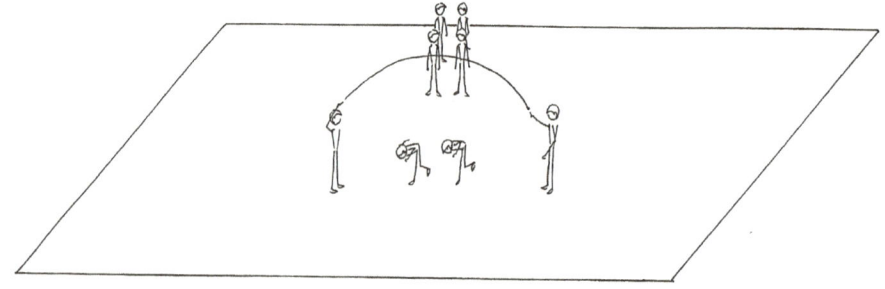

穿梭长绳练习图示

教学建议

1. 跳绳者动作要干脆利落，要准确判断跑入时机，当绳触地时马上加速穿过长绳。

2. 整个过程要保持节奏相对稳定。

3. 采用配音乐、喊口号、打拍子等方法进行专门的摇绳节奏练习。按照慢速—快速—慢速—中速—快速—慢速的节奏练习。

4. 入绳时选择一位声音洪亮者喊口号，比如："预备，1，2，跑。"

5. 出现失误时，跳绳者迅速离开跳绳位置并跑回跳绳者队伍的末尾等候，摇绳者则迅速调整好长绳，重新摇动长绳。

评价要点

1. 摇绳者摇绳节奏是否稳定？是否在摇绳的同时还及时提醒跳绳者的节奏？

2. 跳绳者注意力是否集中，入绳时是否果断迅速？

3. 摇绳者是否有意识地根据跳绳者的节奏、速度调整摇绳的速率？

4. 在同伴失误时，是否能够及时给予方法指导？

5. 在整个练习过程中，同组人员是否积极探讨？练习氛围是否和谐？

6. 穿越跳绳时是否做到起动快速？是否知道快速起动的关键？

二十八 行进间同步跳长绳

难度指数
★★☆☆☆

练习目的

1. 提高练习者的花样跳绳技能。
2. 发展练习者的灵敏度、协调性、平衡能力、力量、速度等身体素质。
3. 培养练习者团队协作和统一行动的意识，帮助他们克服心理障碍与增强自信心。

参与人数

男女不限，练习者每7人一组。

场地器材

不小于8米×30米的平整空地；每组1根4.2~7.2米的长绳。

组织方法

1. 在平整空地上，分别划两条平行线，一条为起点线，另一条为终点线。
2. 选择两位在体能和摇绳技术均较好的练习者为摇绳者，其余5人为跳绳者。
3. 摇绳者分别持绳的一端，展开长绳站在起点线上，5位跳绳者成一列横队站在长绳中部，并面向前方。
4. 当听到"开始"的指令后，摇绳者向前方一边跑一边摇绳（跑动一步，摇绳一次），5位跳绳者跟着长绳的节奏一边向前跑动一边跳绳，直到终点。

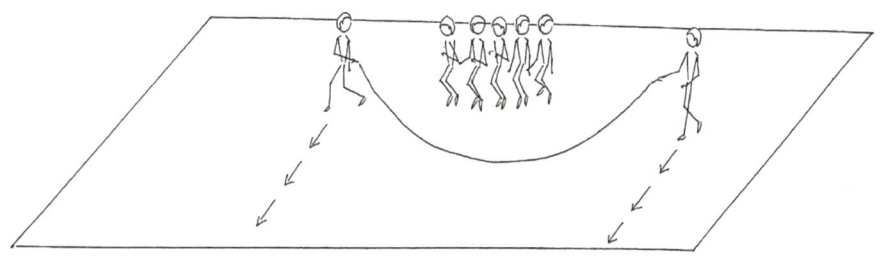

行进间同步跳长绳图示

教学建议

1. 摇长绳者要控制好节奏，向前跑一步摇绳一次，并保持摇出长绳的圆弧饱满。
2. 5位跳绳者相互之间要协调一致，步调一致，而且尽量沿着"直线"向前跑动。
3. 跳绳者要用两眼余光向两边同伴看齐，跳绳时起跳高度要稍高些。
4. 加强上肢力量和腰腹力量的练习。
5. 练习的节奏由慢到快，也可以规定一定时间完成一定的距离。
6. 摇绳者与跳绳者一起喊节奏，如：1，2，3，4，…
7. 每次练习任务完成后，组织摇绳者与跳绳者互相给对方提建议，并讨论改进的方法。

评价要点

1. 摇绳者是否认真负责？是否在摇绳的同时还及时提醒跳绳者的节奏？
2. 跳绳者注意力是否集中，起跳是否果断迅速？
3. 摇绳者是否有意识地根据跳绳者的节奏、速度调整摇绳的节奏？
4. 在同伴失误时，是否能够及时鼓励并给予指导的方法？
5. 跳绳者是否主动与两侧的同伴看齐？

二十九 多人同步跳长绳

难度指数
★★★☆☆

练习目的

1. 提高练习者的花样跳绳技能，发展其身体素质。
2. 发展练习者连续跳跃的能力，让练习者学习合理表达自己建议的方法。
3. 培养练习者的自主性及勇于承担责任的品质。
4. 培养练习者团队之间相互配合的意识和能力。

参与人数

男女不限，练习者6～16人一组为宜。

场地器材

不小于8米×8米的平整空地；每组1根7～8米的细长绳。

组织方法

1. 挑选两位上肢力量较好、体能较佳的队员作为摇绳者，其余为跳绳者。
2. 摇绳者双脚左右或前后开立站立，双手持绳并把绳置于练习场地的中央。
3. 跳绳者一字排开或两列并排站立在长绳的中部。
4. 练习时摇绳者与跳绳者按照统一节奏练习，当跳绳绕过一周（绕过所有跳绳者的头和脚）时，才能计为成功一次，依此重复进行。

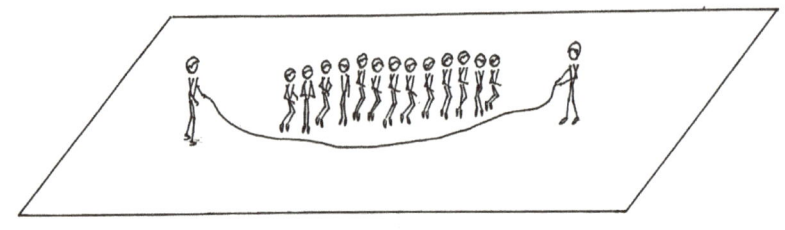

多人同步跳长绳图示

教学建议

1. 尽量选择身高较高且体能较好、身手敏捷的队员摇绳。
2. 开始时，跳绳者按照摇绳的节奏一起用并脚跳的方式进行练习。
3. 采用配音乐、喊口号、打拍子等方法进行专门的摇绳节奏练习。
4. 按照慢速—快速—慢速—中速—快速—慢速的节奏练习。
5. 跳绳者的站位，一般身高较高的站在长绳中部；人员较多时可安排两列站位。
6. 选择一位声音洪亮的喊口号，比如："预备，1，2，跳。"出现失误时，要及时喊口号提示大家迅速调整位置。
7. 所有队员统一用并脚跳的方式跳绳，在跳的过程中控制自己的站位不要移动，有意识地调整自己跳的节奏与摇绳的节奏一致。
8. 轮换摇绳者，让所有队员都能体验和掌握摇绳、跳绳。
9. 每次练习任务完成后，组织摇绳者与跳绳者互相给对方提建议，并讨论改进的方法。

评价要点

1. 交换摇绳练习时，注意力是否集中，一拍到位？
2. 在布置站位及起跳时，参与者是否听从组织者的指挥并行动迅速？
3. 在练习过程中，参与者是否为了团队增加成功的次数而竭尽所能？
4. 当同伴出现失误时，能否及时鼓励并提出改进意见？

三十 长绳"2+2"同步跳

难度指数
★★★☆☆

练习目的

1. 提高练习者的花样组合跳绳技能。
2. 发展练习者的协调性、平衡能力、速度、节奏感等身体素质。
3. 培养练习者主动配合和关注同伴的意识。
4. 培养练习者不怕困难、勇于挑战自我的品质。

参与人数

男女不限,练习者4人一组。

场地器材

平整空地;每组1根3.6米的长绳。

组织方法

1. 在平整空地上,4人为一组,选择其中2人为摇绳者,其余2人为跳绳者。
2. 开始时,2名跳绳者并排站立于长绳中部的后方,做好起跳的准备,2名摇绳者分别各持一端绳柄站于跳绳者前方。
3. 当指挥员发出"预备,开始"的指令时,2名摇绳者同步摇绳,当节奏稳定后分别从左右侧向内转体90°使绳经自己脚下继续摇动,变为两人既是摇绳者也是跳绳者,并继续用各自的外侧手摇绳,原在外等候跳绳的两人分别跑跳入绳,形成两位摇长绳者与两位跳绳者在同一长绳内跳绳的状态。

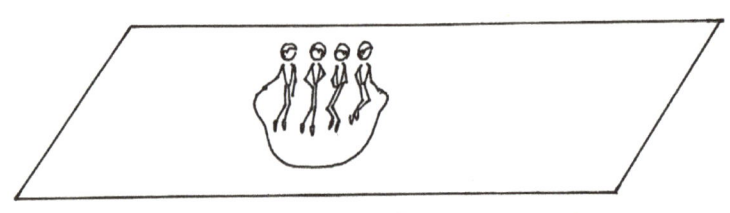

长绳"2+2"同步跳图示

教学建议

1. 开始时，选择摇绳技术且上肢力量强的两人摇长绳，跳绳者在跳的过程中尽量不要前后移动。

2. 两位摇长绳者在转体90°时，可以单人依次完成，也可以两人同时完成。

3. 两位跳绳者要集中注意力观察长绳的节奏，当长绳落地时，跳绳者马上跑入并起跳，入绳后调整起跳节奏，保持与长绳的节奏一致。

4. 加强练习者上肢力量及腰腹力量的练习。

5. 每次练习任务完成后，组织摇绳者与跳绳者互相给对方提建议，并讨论改进的方法。

评价要点

1. 摇绳者转体时机把握如何？转体后是否能够控制自己摇绳的节奏？
2. 当同伴出现失误时是否鼓励同伴？
3. 跳绳者与摇绳者的体能表现如何？
4. 在探讨练习方法时，是否能够主动提出自己的看法？
5. 当多次出现失误时，是否能够冷静思考，主动寻找失误的原因？
6. 跳绳者进出绳时是否做到勇敢、果断？

三十一 "1+1" 跳长绳

难度指数
★★☆☆☆

练习目的

1. 提高练习者对花样跳绳练习方法的认识。
2. 发展练习者的灵敏度、协调性、平衡能力等身体素质。
3. 培养练习者互相协作的意识和勇敢、果断的品质。

参与人数

男女不限，练习者6～8人一组为宜。

场地器材

平整空地；每组1根3.6米或4.2米的长绳。

组织方法

1. 在平整空地上，选择两名练习者为摇绳者，其余为跳绳者，跳绳者在摇绳队员的任一侧成一路纵队排列。
2. 当指挥者发出开始的信号后，第一名队员跑入绳中并按照摇绳的节奏连续跳绳，当完成3次后第二名队员跑入绳中，并与第一名队员同步完成3次跳绳，此时第一名队员跑出跳绳，同时第三名队员跑入长绳中并与第二队员完成3次同步跳后，第二名队员跑出跳绳。
3. 其余跳绳者依此类推进行练习，直到每位队员都完成一次。

"1+1" 跳长绳图示

教学建议

1. 选择身高稍高的两名队员先摇绳，摇绳节奏不宜过快，且其中一名队员担任指挥者角色。

2. 在练习者都掌握了快速入绳及出绳的技术再学习本内容。

3. 开始时，可先进行"不摇绳"练习，即摇绳者各持长绳的一端并把长绳控制成一个合理的弧度，长绳中间部分约10厘米的长度触地，跳绳者按照"1+1"的方法进行模仿跳绳。

4. 跳绳者在进、出绳时要快速、果断。

5. 每完成一轮后更换一名队员摇绳，直到每位队员都完成一次摇绳。

6. 每次练习任务完成后，组织摇绳者与跳绳者互相给对方提建议，并讨论改进的方法。

评价要点

1. 摇绳者是否都有强烈的责任意识？注意力是否高度集中？
2. 在整个活动中，练习者是否听从组织者的指挥？
3. 前一名队员与后一名队员在进、出绳过程中是否衔接流畅？
4. 当同伴出现失误时，表现出来的态度是怎样的？

三十二 长绳波浪跳

难度指数
★★☆☆☆

练习目的

1. 提高练习者花样跳绳技能和身体素质。
2. 培养练习者的配合意识，发展练习者的上、下肢肌肉力量。

参与人数

男女不限，练习者4~6人一组为宜。

场地器材

不小于4米×8米的平整空地；每组1根8米的长绳。

组织方法

1. 在平整空地上，选择摇绳节奏较好的2名练习者为摇绳者，其余为跳绳者。
2. 两名摇绳者先由其中一人摇绳，另一人持绳不动，等待第一名摇绳者摇动长绳至地面时，第二名摇绳者迅速向上摇动长绳，形成"一上一下"的摇绳节奏，从而使长绳形成两个波浪形状。
3. 跳绳者分别站在两个波浪形后方看准时机迅速入绳。

长绳波浪跳图示

教学建议

1. 当波浪形成后，摇绳者适当地用力加速摇绳以防止绳浪消失。
2. 跳绳者进出绳要快，根据长绳的速度调整节奏。
3. 练习摇波浪绳时两人合作，一人摇绳一人控制跳绳，练习一定次数后交换进行。
4. 摇绳时，双脚左右开立，双膝微屈，双脚轻微蹬地，把蹬地的力量通过腰传导至上臂、前臂，再通过手前臂的甩动作用于长绳。

评价要点

1. 摇绳者用力方法是否正确？
2. 跳绳者是否精力集中，入绳是否果断、迅速？
3. 摇绳者是否有意识地根据跳绳者的节奏、速度调整摇绳的力量？
4. 在同伴失误时，是否能够及时鼓励并给予方法指导？

三十三 排山倒海跳

难度指数
★★★☆☆

练习目的

1. 提高练习者花样跳绳的技能，丰富花样跳绳的练习方法。
2. 提高练习者的协作配合意识和能力。
3. 发展练习者的灵敏度、协调性、平衡能力、速度等身体素质。
4. 培养练习者勇敢、果断、顽强等品质。

参与人数

男女不限，练习者8~12人一组为宜。

场地器材

平整空地；每组1根3.6米或4.2米的长绳。

组织方法

1. 在平整空地上，选择摇绳节奏较好的2名练习者为摇绳者，其余为跳绳者。
2. 跳绳者分别以1人、2人、3人……为一练习小组，与跳绳垂直成纵队站立，每个练习小组的队员并排站位。
3. 练习开始时，长绳先摇动，当摇动的长绳节奏稳定后，第一练习小组助跑跳入绳中并完成一次跳绳后出绳。接着第二练习小组、第三练习小组……依次按照第一练习小组的方法进行练习。当每个练习小组完成后绕过摇绳者返回起点重新开始。

排山倒海跳图示

教学建议

1．摇绳者和跳绳者统一喊口令，并保持两者节奏一致。

2．跳绳者要掌握好节奏，准确把握入绳时机，在跳动的过程中不能停顿，特别是由2人及以上跳绳者组成的练习小组，组员间的节奏必须保持一致。

3．在练习开始时，先进行无绳练习，以提高摇绳者与跳绳者之间配合的默契度。

4．跳绳次数可以从多到少。如练习初跳3次后出绳，再到跳两次后出绳，最后到跳一次就出绳。

5．为提高练习者自信心和配合的默契度，2人以上的练习小组可以手拉手进行。

6．在练习时大家要一起大声喊口号，以增加自信及集中精力。

评价要点

1．练习者评估自己的水平时是否积极且准确，并能主动提出自己担任的角色？

2．摇绳者是否有意识地根据跳绳者的节奏、速度调整摇绳的力量？

3．在同伴失误时，是否能够及时给予方法指导？

4．在整个练习过程中，同伴间是否积极探讨？练习氛围是否和谐？

5．练习者在跳绳过程中是否能够保持身体平衡？

三十四 "2+3" 同步跳

难度指数
★★★★☆☆

练习目的

1. 发展练习者的灵敏度、协调性、平衡能力、耐力、起动速度等身体素质。
2. 培养练习者团结、协助的意识。
3. 培养集体荣誉感和成就感,让练习者体验到跳绳的乐趣。

参与人数

男女不限,练习者每5人一组。

场地器材

不小于6米×12米的平整空地;每组1根5~8米的长绳。

组织方法

1. 在平整空地上,选出2名练习者为摇绳者,其余3人为跳绳者。
2. 摇绳者单手或双手持绳与跳绳者跑进的方向垂直站好,3名跳绳者左右间隔约30厘米,前后距离1~1.5米呈阶梯式站立且背向长绳。
3. 开始时,两人摇绳并跑向第一位队员,当长绳摇过来时,第一位队员起跳并边跳绳边向第二位队员移动,此时长绳与第一位及第二位队员形成一个整体,当第一位队员与第二位队员形成一个整体并完成一次跳跃时,继续以同样的方式向第三位队员移动,最后三位队员形成一个行进间同步跳长绳的状态,并一直持续移动到终点。

"2+3"同步跳图示

教学建议

1. 选择身高稍高且上肢力量稍大的两人摇绳,其中一人用口令指挥,其他人要集中精力,并准确把握入绳的时机。
2. 两名摇绳者尽量保持在同一水平线上,并且向前移动的步伐与跳绳的节奏一致。
3. 开始时,把摇绳与移动步伐的练习分开进行,然后再合并练习。
4. 开始练习时,可以按1人、2人、3人分开练习。
5. 在起点、终点及练习者的站位做一个标志。
6. 在安排站位时,把技术和体能最好的跳绳者放在第一位入绳。

评价要点

1. 练习时全队是否有统一的口号?指挥员的指令是否清楚?
2. 全体练习者的体能如何?
3. 跳绳者注意力是否高度集中?入绳的时机是否把握得好?
4. 跳绳者是否能够灵活地根据长绳摇进的程度主动调整站位?
5. 当同伴出现失误时,表现出来的态度是怎样的?
6. 练习者是否具有完成整个练习的体能和坚强的意志力?

三十五 十人长绳"8"字跳

难度指数
★★☆☆☆

练习目的

1. 提高练习者对长绳练习方法的认识。
2. 发展练习者的灵敏度、协调性、平衡能力、力量、耐力、速度等身体素质。
3. 培养练习者团队协作、统一行动的意识,帮助他们克服心理障碍与增强自信心。

参与人数

男女不限,练习者每10人一组。

场地器材

平整空地;每组1根3.6米或4.2米的长绳。

组织方法

1. 在平整空地上,推选其中的两人为摇绳者(A和B),其余8人为跳绳者。
2. 两名摇绳者各持一端绳柄,跳绳者排成一路纵队站于摇绳者A的左侧或右侧等候。
3. 当听到开始信号后,第一名跳绳者跑入绳中跳一次并快速从摇绳者B右侧或左侧出绳,出绳后绕至摇绳者B的左侧或右侧等候,其余人员按照第一名队员的路径依次进行。

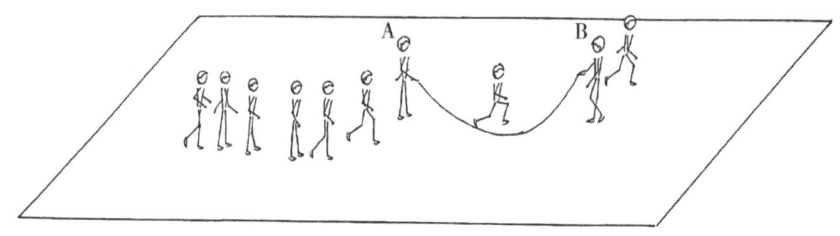

十人长绳"8"字跳图示

教学建议

1. 选择宽阔平整的场地进行练习。

2. 按照入绳动作、起跳动作、出绳动作、模拟"8"字路径动作、完整动作的顺序练习。

3. 开始时，先进行跳空绳练习。即两摇绳者分别持绳的一端，同时用力将绳拉起使绳的圆弧最低点离地约10厘米，其余队员按节奏进行不摇绳跑跳练习。

4. 开始时可以进行三跳一出或二跳一出的练习，熟练后再进行一跳一出的练习。

5. 练习的节奏由慢到快，摇绳者要主动根据跳绳者的节奏、体能情况调整摇绳节奏。

6. 每次练习任务完成后，组织摇绳者与跳绳者互相给对方提建议，并讨论总结改进的方法。

评价要点

1. 每位练习者是否都有强烈的责任意识？注意力是否高度集中？

2. 在整个活动中，练习者是否听从组织者的指挥并行动迅速？

3. 在练习过程中，练习者是否努力按照组织者的要求去调整自己的心态和动作，且为增加成功的次数而努力？

4. 当同伴出现失误时，表现出来的态度是怎样的？

5. 练习者是否具有完成整个练习的体能和坚强的意志力？

三十六 四十人长绳"8"字跳

难度指数
★★☆☆☆

练习目的

1. 提高练习者参与练习的兴趣。
2. 发展练习者的灵敏度、平衡能力、耐力、速度等身体素质。
3. 培养练习者的团队协作、统一行动的意识,帮助他们克服心理障碍与增强自信心。

参与人数

男女不限,每组40人(或整个教学班)。

场地器材

平整空地;每组1根3.6米或4.2米的长绳。

组织方法

1. 在平整空地上,在练习者中推选两人为摇绳者 A 和 B,其余人员为跳绳者,排成一路纵队站于摇绳者 A 的左侧或右侧。
2. 当听到开始信号后,第一名跳绳者跑入绳中跳一次并快速从摇绳者 B 右侧或左侧出绳,出绳后绕至摇绳者 B 的左侧或右侧等候,其余人员按照第一名队员的路径依次进行。在整个练习过程中所有等候的练习者须原地小步跑,并且移动的路径要首尾相连组成一个"8"字。

四十人长绳"8"字跳图示

教学建议

1. 选择场地稍宽、地面平整粗糙的地方进行练习。

2. 按照入绳动作、起跳动作、出绳动作、模拟"8"路径动作、完整动作的顺序练习。

3. 开始时，先进行跳空绳练习。即两摇绳者分别持绳的一端，同时用力把跳绳拉起使绳的圆弧最低点离地约10厘米，其余队员按照"1——2——3——"的节奏进行不摇绳跑跳练习。

4. 等候的练习者整个过程须做原地小步跑，不能站在原地等候。

5. 练习的节奏由慢到快，摇绳者要主动根据跳绳者的节奏、体能情况调整摇绳节奏。

6. 开始练习时，可以在地上画两条相距3.6米的平行线，且在两平行线之间取一个中心点，摇绳者站在两平行线后摇绳，跳绳者以中心点作为参考入绳。

7. 练习时采用计时练习，时间可以根据体能状况确定3分钟、5分钟、8分钟或10分钟。

评价要点

1. 练习者在入绳的过程中是否做到一步进绳？
2. 摇绳者的上肢力量是否能适应练习的强度？
3. 在练习过程中，练习者是否努力按照组织者的要求去调整自己的心态和动作，且为增加成功的次数而努力？
4. 当同伴出现失误时，表现出来的态度是怎样的？
5. 练习者是否具有完成整个练习的体能和坚强的意志力？

三十七　网绳旋转跳

难度指数
★★☆☆☆

练习目的

1. 提高练习者花样跳绳的技能。
2. 培养练习者的团队意识和相互协作的能力。
3. 发展练习者的弹跳能力与耐力素质。

参与人数

男女不限，练习者9~12人一组为宜。

场地器材

平整空地；每组4根6~8米的长绳。

组织方法

1. 在平整空地上，任意选8名练习者为摇绳者，其余为跳绳者。
2. 摇绳者各持一根绳的手柄，4根长绳相互交叉成网状摆放，跳绳者站于绳网外等候。
3. 当听到开始口令时，8名摇绳者按照同一方向摇动绳网，当绳摇起并节奏稳定后，跳绳者迅速跑入绳网中间交叉点处，然后绳网根据口令进行顺时针转动，跳绳者在练习过程中跟随绳网旋转方向有节奏地转动，摇绳者每移动一步摇绳网一次，直到转动360°回到原地为止。
4. 跳绳者练习完成后，与其中一名摇绳者交换角色，直到所有队员完成一次跳绳练习。

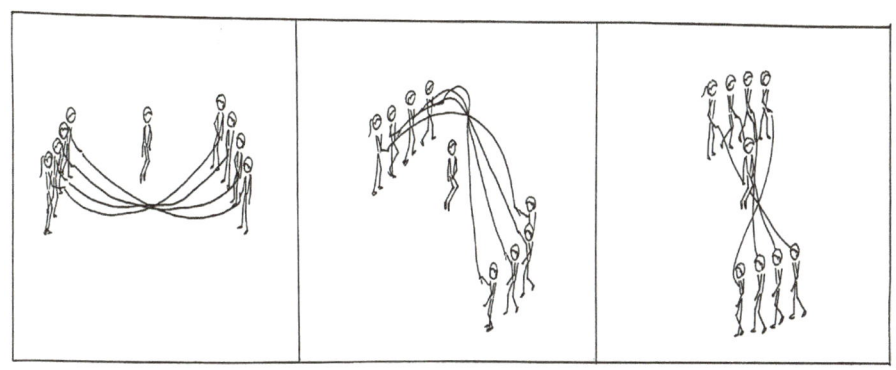

网绳旋转跳图示

教学建议

1. 8名摇绳者要同步摇绳,速度不能过快或过慢。摇绳者在摇绳时要通过力量控制长绳的交叉点尽量集中在一点上。

2. 跳绳者进绳要快,起跳的高度稍微高一些,根据绳网的速度调整节奏。

3. 为了让摇绳者顺时针移动时能够保持圆形,可以先在地上画一个圆,沿着圆的连线移动。

评价要点

1. 摇绳者是否认真负责?是否在摇动自己的跳绳时不忘记提醒跳绳者跳绳的节奏?

2. 跳绳者是否精力集中,起跳是否果断、迅速?

3. 摇绳者是否有意识地根据跳绳者的节奏、速度调整摇绳的速度?

4. 在同伴失误时,是否能够及时鼓励并给予方法指导?

三十八 "3-1" 跳长绳

难度指数
★★★☆☆☆

练习目的

1. 发展练习者的灵敏度、协调性、平衡能力等身体素质。
2. 培养练习者的互相协作完成任务的意识,以及对集体凝聚力的认识。
3. 培养练习者勇敢、果断的品质。

参与人数

男女不限,练习者6~8人一组为宜。

场地器材

平整空地;每组1根3.6米或4.2米的长绳。

组织方法

1. 在平整空地上,每组选两名练习者为摇绳者,其余为跳绳者。
2. 两名摇绳者各持一端绳柄,跳绳者在长绳中部的任一侧成一路纵队排列。
3. 当指挥者发出开始的信号后,第一名队员跑入绳中并按照摇绳的节奏连续跳绳,当第一名队员节奏稳定后第二名、第三名队员用同样的方法跑入长绳中,形成3人同步跳,3人顺利完成3次同步跳后第一名队员出绳,此时第四名队员入绳,与第二名、第三名队员完成3次同步跳后,第二名队员出绳,第五队员入绳,依此循环进行。
4. 练习开始后,长绳内始终保持3名队员,直到完成练习任务。

"3-1"跳长绳图示

教学建议

1. 选择身高稍高的两名队员先摇绳，摇绳时要尽量使跳绳控制在一个高度，缓慢有节奏地摇绳，且其中一名队员担任指挥者角色。
2. 在练习者都掌握了快速进绳及出绳的技术后再学习本内容。
3. 开始时，可先进行不摇绳练习，即摇绳者各持长绳的一端并把长绳控制成一个合理的弧度，绳的中间部分约10厘米的长度触地，跳绳者按照"3-1"的方法进行模仿跳绳，并注意强化"出绳"与"入绳"队员的节奏。
4. 跳绳者在入绳、出绳时要勇敢、快速、果断，位置判断准确。
5. 每完成一轮后更换一名队员摇绳，直到每位队员都完成一次摇绳。
6. 可采用"1——2——3——4——"的口令调控跳绳的节奏，"1——"时第一名队员入绳，"2——"时第二名队员入绳，"3——"时第三名队员入绳，"4——"时第一名队员出绳及第四名队员入绳。
7. 每次练习任务完成后，组织摇绳者与跳绳者互相给对方提建议，并讨论改进的方法。

评价要点

1. 摇绳者是否有强烈的责任意识？注意力是否高度集中，为同伴尽可顺利完成练习而努力？
2. 在整个活动中，练习者是否听从组织者的指挥并行动迅速？
3. 前一名队员与后一名队员在出入绳时是否衔接流畅？
4. 当同伴出现失误时，是否能及时鼓励并给予方法指导？
5. 两名摇绳的队员摇绳的速度和节奏的协调性如何？

三十九 "十"字长绳跳

难度指数
★★★☆☆

练习目的

1. 提高练习者的花样跳绳技能。
2. 发展练习者的灵敏度、协调性、平衡能力等身体素质。
3. 培养练习者互相协调、协作的意识。
4. 培养练习者勇敢、果断的品质。

参与人数

男女不限,练习者5~10人一组为宜。

场地器材

平整空地;每组2根不小于3.6米的长绳。

组织方法

1. 在平整空地上,选4名练习者为摇绳者,其余为跳绳者。
2. 练习前,把两条长绳的中点相互交叉且垂直摆放,其中4位摇绳者分别手持长绳的一端站立,双脚前后或左右开立,两长绳成"十"字状。其余跳绳者在任意两位摇绳者之间成一路纵队站立。
3. 练习时,4名摇绳者在组织者的统一指挥下同时按顺时针方向摇绳,当摇绳节奏稳定后,其余队员可以依次跑入跳绳。

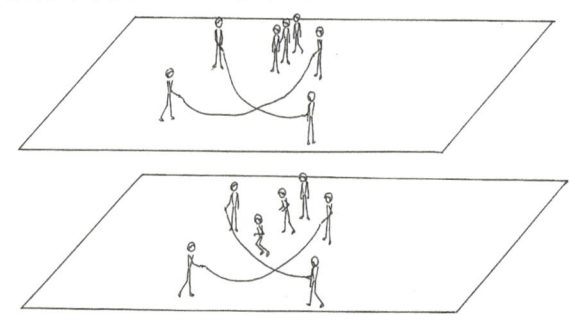

"十"字长绳跳图示

教学建议

1．开始练习时，推选出一名组织者负责协调摇绳、调整节奏、发出练习口令等工作。

2．开始练习时，先由摇长绳节奏好的队员摇绳，摇绳时结合口令进行，并有意识地把口令与摇绳节奏相结合。

3．先进行空摇"十"字绳练习，练习时15次为一组，交换练习若干组。也可以每次摇绳完成15～20次后换两人（摇同一绳的两人或相邻的两人），连续练习8～10组。

4．跳绳者可采用任何方法跑入两绳的中心交叉点处（跳"十"字），并迅速调整节奏准备起跳。

5．练习摇绳时，可以先用短绳布置成"十"字绳进行练习。

6．每次练习任务完成后，组织摇绳者与跳绳者互相给对方提建议，并讨论改进的方法。

评价要点

1．练习者集中注意力的水平及跳（摇）绳的方法是否合理？

2．练习者是否能够快速理解组织者的意图并行动迅速？

3．跳绳者是否能够主动参与练习，并为团队完成练习而提出自己的建议？

4．当同伴出现失误时，表现出来的态度是怎样的？

5．练习者是否具有完成整个练习的体能和坚强的意志力？

四十 "十"字长绳旋转跳

难度指数
★★★☆☆

练习目的

1. 提高练习者花样跳绳的技能，发展练习者的身体素质。
2. 培养练习者团队合作的意识和能力。

参与人数

男女不限，练习者8～10人一组为宜。

场地器材

平整空地；每组2根约4.2米的长绳。

组织方法

1. 在平整空地上，每组选4人为摇绳者，其余为跳绳者。
2. 在场地中央画一个直径约4米的圆（或篮球场的中圈），4位摇绳者两两相对站在圆弧上，两条长绳在圆内成"十"字形相互垂直，长绳的高度不超过膝盖，跳绳者分散站在圆内等候。
3. 练习开始，4位摇绳者拉紧跳绳沿着圆的弧线，同一方向、同一速度慢跑，使两根长绳始终成"十"字形在圆内转动；当绳到来之时，在圆内的跳绳者通过各种方式跳跃避开跳绳。
4. 当练习的时间结束或跳绳者碰到跳绳则交换练习。

"十"字长绳旋转跳图示

教学建议

1. 4位摇绳者要控制好绳的高度和摇绳的速度，整个过程尽量保持两根绳成"十"字形。

2. 开始时，"十"字绳转动的速度稍慢些，随着练习者熟练度的提高，可加快旋转的速度。

3. "十"字绳开始按照一定的方向旋转，当练习到一定的程度后，可以不定时地改变旋转方向。改变方向时，"十"字绳摇绳者选一人喊口令，在口令指挥下做顺时针或逆时针转动，增加练习难度。

4. 圆内的跳绳者要分散站位，避免在慌乱中互相碰撞。

评价要点

1. "十"字绳摇绳者配合是否恰当？移动速率是否一致？
2. 跳绳者注意力是否集中？
3. 跳绳者是否能够迅速做出判断躲闪长绳？

四十一 跳"三角绳"

难度指数
★★★☆☆

练习目的

1. 提高练习者花样跳绳的技能，发展练习者的体能。
2. 培养练习者协作探讨问题、解决问题的能力。
3. 培养练习者团队配合的意识。

参与人数

男女不限，练习者6～9人一组为宜。

场地器材

平整空地；每组3根4.2～5米的长绳。

组织方法

1. 在平整空地上，每组选择3名练习者为摇绳者，其余为跳绳者。

2. 3名摇绳者以某一点为基准，三者之间的连线呈等边三角形站立，双手分别持长绳的一端，组成一个等边三角形，分别标记为1、2、3号绳。跳绳者分别站在3根长绳中部外侧等候，与长绳的间距约2米。

3. 练习时，持绳的3人同时向内侧摇绳或外侧摇绳，当摇动的"三角绳"节奏稳定后，3名跳绳者同时跑跳入绳并一边跳一边喊口令"1，2，3，换"，喊口令"1，2，3"时连续跳3次，喊口令"换"时，三人同时按顺时针或逆时针方向换位，即跳1号绳者换至2号绳，跳2号绳者换至3号绳，跳3号绳者换至1号绳，直到有一人失误或完成规定的次数。

4. 跳绳者完成规定的任务后与摇绳者交换角色进行练习。

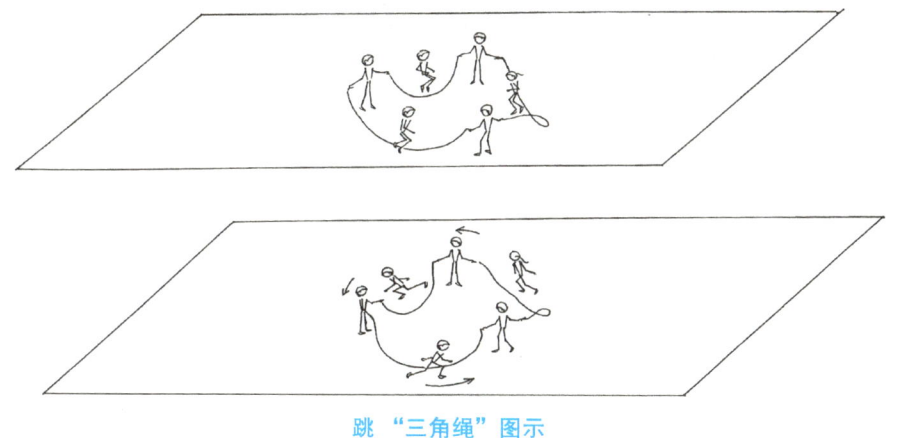

跳"三角绳"图示

教学建议

1. 三位摇绳者要同步摇绳,并且速度不能过快或过慢,双手以肩关节为轴抬高手摇绳。

2. 跳绳者进绳时动作要干脆利落,跑跳入绳时高度稍高些,换位时,当目标绳一落地即由近绳端快速移动至目标绳,并按原节奏连续起跳,整个过程要保持节奏相对稳定。

3. 采用配音乐、喊口号、打拍子等方法进行专门的摇绳节奏练习。

4. 按照慢速—快速—慢速—中速—快速—慢速的节奏练习。

5. 入绳时选择一位声音洪亮者喊口号,比如"预备,1,2,跳"等。出现失误时,跳绳者迅速离开跳绳位置并站在摇绳者旁边准备重新开始,摇绳者则迅速地整理好绳。

6. 所有跳绳者跳法(左右脚轮换跳或并脚跳)必须统一,在跳的过程中控制自己的节奏,有意识地调整自己跳的节奏与摇绳的节奏一致。

评价要点

1. 摇绳者摇绳的节奏是否稳定?是否在摇动自己的跳绳时不忘记提醒跳绳者跳绳的节奏?

2. 跳绳者注意力是否集中,入绳是否果断、迅速?

3. 摇绳者是否有意识地根据跳绳者的节奏和速度调整摇绳的速度?

4. 在同伴失误时,是否能够及时鼓励并给予方法指导?

5. 在整个练习过程中,同伴间是否积极探讨?练习氛围是否和谐?

四十二　乘风破浪跳长绳

难度指数
★★★☆☆

练习目的

1. 培养练习者的观察能力和摇绳者与跳绳者的协作配合意识。
2. 发展练习者的灵敏度、协调性、平衡能力、速度等身体素质。
3. 发展勇敢、果断、顽强等优良品质。

参与人数

男女不限，练习者10~40人一组为宜。

场地器材

不小于8米×8米的平整空地；每组10根7~8米的长绳。

组织方法

1. 在平整空地上，选6名练习者为摇绳者，其余4名为跳绳者（以10名练习者为例）。
2. 练习时摇绳者两人摇一绳，绳子间隔约2米平行摆放，其余跳绳者在长绳的任一端成一纵队与长绳呈垂直站立，并距离首根长绳约2米。
3. 摇绳时，所有长绳按照同一方向摇动，当所有的长绳在指挥者的指挥下按照稳定的节奏摇动时，第一名跳绳者在第一条长绳摇至地面时应迅速跑入绳中跳跃一次，接着快速向前跑出第一条绳并同时跑入第二条绳，依次跳至最后一条长绳，然后跑回队伍末尾等候，完成规定的任务后与摇绳者交换角色。

乘风破浪跳长绳图示

教学建议

1. 用口令指挥摇绳和跳绳，摇绳者在摇绳时要行动一致，统一节奏。
2. 跳绳者要认真听口令，准确判断进绳时机，在跳动的过程中不能停顿，有节奏地跳过每一根长绳。
3. 在练习时，先组织队员进行摇绳练习，当所有的长绳摇绳节奏一致时才进行入绳练习。
4. 跳绳的数量从少到多，从2条、3条……逐步增加。
5. 每次练习任务完成后，组织摇绳者与跳绳者互相给对方提建议，并讨论改进的方法。

评价要点

1. 摇绳的队员之间是否配合默契？是否主动调整自己的节奏？
2. 每位练习者是否有责任意识？注意力是否高度集中？
3. 在整个活动中，练习者是否听从组织者的指挥并行动迅速？
4. 在练习过程中，练习者是否努力按照组织者的要求去调整自己的心态和技术，为尽可能增加成功的次数而努力？
5. 当同伴出现失误时，是否及时鼓励？

四十三 穿梭跳长绳

难度指数 ★★★☆☆☆

练习目的

1. 提高练习者花样跳绳的技能，丰富花样跳绳的练习方法。
2. 发展练习者的反应能力、平衡能力、灵敏度等身体素质。
3. 发展练习者控制身体平衡及快速起动的能力。
4. 培养练习者同伴间互相协调完成练习任务的能力。

参与人数

男女不限，练习者6~8人一组为宜。

场地器材

平整空地；每组1根3.6米或4.2米的长绳。

组织方法

1. 在平整空地上，每组选择两名摇绳节奏较好的练习者先摇绳，其余为跳绳者。
2. 跳绳者平均分成两个练习小组，并分别成一路纵队站在两摇绳者的左侧或右侧，分别编号为1号、2号、3号……练习开始，每组的1号开始跑跳入绳并连续完成三次跳绳，在这三次跳绳过程中两跳绳者需要完成位置交换，第四次分别从正面方向出绳，绕至对方队伍后面等候，当每个队员完成后重新开始。

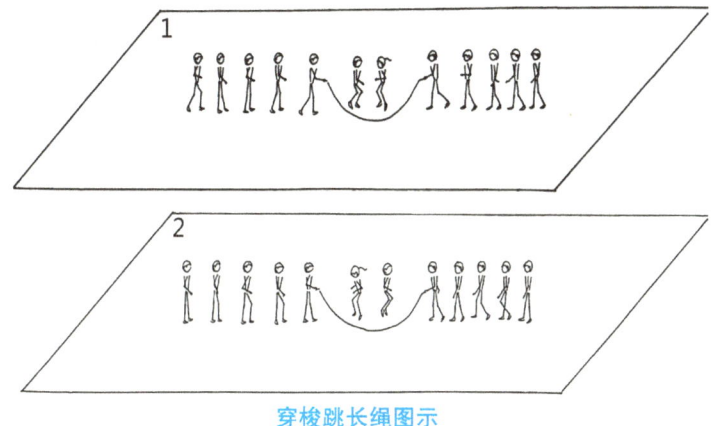

穿梭跳长绳图示

教学建议

1. 练习开始前，组织练习者学习练习的目的和意义，明确跳绳者与摇绳者各自的责任与义务，自我评估胜任的角色，并主动选择先跳绳还是先摇绳。

2. 跳绳者动作要干脆利落，跑入时机要把握准确，并且要控制入绳后的位置在靠近长绳中部的两侧。

3. 整个过程要保持节奏相对稳定。

4. 先进行无绳的穿梭练习。

5. 入绳时摇绳者一起喊口号，比如"预备，1，2，跑"。出现失误时，跳绳者迅速离开跳绳位置并跑回跳绳者队伍的末尾等候，摇绳者则迅速地整理好绳。

6. 双手不能过于外张，以免触碰绳，但可以自然小幅度摆动以保持身体平衡。

评价要点

1. 练习者入绳并完成第一次起跳是否动作协调？位置是否合理？

2. 摇绳者摇绳的节奏是否稳定？是否在摇绳的同时还提醒跳绳者的节奏？

3. 跳绳者注意力是否集中，两人的节奏是否一致？

4. 摇绳者是否有意识地根据跳绳者的节奏和速度调整摇绳的速度？

5. 在整个练习过程中，同伴间是否积极探讨？练习氛围是否和谐？

四十四 长绳同步跳接旋转180°

难度指数
★★★★☆

练习目的

1. 提高练习者身体素质。
2. 发展练习者连续跳跃的能力。
3. 培养练习者团队之间相互配合的意识和能力。
4. 培养练习者集中注意力及聆听的习惯。

参与人数

男女不限,练习者每7人一组。

场地器材

平整空地;每组1根3.6米或4.2米的长绳。

组织方法

1. 在平整空地上,画一个直径约4米的圆,并画出直径和圆心。挑选两位腰腹力及上肢力量较好、体能较佳的队员作为摇绳者,其余为跳绳者。

2. 摇绳者双脚左右开立,单手或双手持绳站于圆弧线上,并把绳置于圆的直径上,跳绳的终点落在圆心上,跳绳者一字排开站立在绳的中央(即圆直径上)。

3. 练习时摇绳者与跳绳者按照统一节奏练习,当练习者完成原地同步跳10次后,以跳绳的中心为圆心旋转180°。

4. 两摇绳者以圆心为中心,每摇一次绳同时向左或向右移动一步,直到完成180°旋转为止,其余跳绳者跟随跳绳旋转的节奏完成练习。

长绳同步跳接旋转180°图示

教学建议

1. 尽量选择身高较高且体能较好的队员摇绳。

2. 开始时先在地面画一个圆,把绳拉直且圆心与绳的中点重叠,安排一位跳绳者站立于圆心位置,在旋转绳时这位练习者不移动位置,只在原地跟着旋转的绳跳跃。

3. 事先确定好旋转的方向(顺时针或逆时针),站位时安排一位练习者站在中点位置,另外4名练习者各站在中心点的两边,并面向旋转的方向。

4. 开始时,跳绳者按照摇绳的节奏一起用并脚跳进行练习10次,并一起喊口令"1,2,3,…,10",当跳完第10次时大声喊"转"。

5. 按照慢速—快速—慢速—中速—快速—慢速的节奏练习。

6. 出现失误时立即停止,回到原点重新开始(也可以根据情况允许失误的次数,但不能太多)。

7. 所有队员统一用并脚跳的方式练习,在跳的过程中控制自己的站位相对固定,有意识地调整自己跳的节奏与摇绳的节奏一致。

8. 当跳绳者练习完成一定次数后与摇绳者交换角色。

9. 每次练习任务完成后组织讨论,谈谈心理感受。

评价要点

1. 摇绳者摇绳节奏和移动的速度是否合理且一致?

2. 跳绳者在跳第11次时是否能够及时地跟着长绳移动?

3. 跳绳者是否始终保持与同伴站在相对的直线上?

4. 在练习过程中,练习者是否为团队尽可能增加成功的次数而竭尽所能?

5. 当同伴出现失误时,能否及时鼓励并指出存在的问题和给予改进意见?

四十五 "Z"形长绳穿越跳

难度指数
★★★☆☆

练习目的

1. 培养练习者通过改变跳绳的组合探索不同练习方法的意识和能力。
2. 发展练习者的灵敏度、协调性、平衡能力、心肺功能等身体素质。
3. 培养练习者互相协作的意识和勇敢、果断的品质。

参与人数

男女不限,练习者8~10人一组为宜。

场地器材

平整空地；每组3根3.6米的长绳。

组织方法

1. 在平整空地上,按照"Z"形在地面布置好长绳,在练习者中推选6位为摇绳者,其余人员为跳绳者。
2. 跳绳者成一路纵队在"Z"形跳绳的任意一端开始,可以采用任何合适的方法完成3根跳绳的练习,此轮即算练习完成。
3. 所有练习者完成练习后按照原方法重新开始。

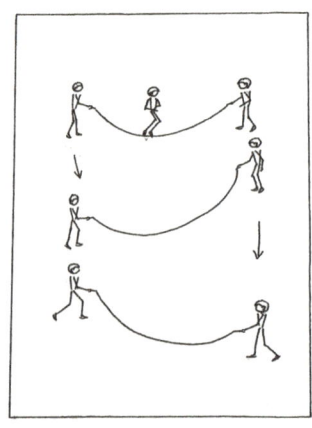

"Z"形长绳穿越跳图示

教学建议

1. 此练习在掌握了一定跳长绳的基础后再学习。

2. 练习者在绳中连续跳的次数可从2次或3次开始，逐步减少至1次过绳，摇绳节奏和跑动的速度也由慢到快。

3. 动作不熟练时，练习者可以采用并脚跳的方式进行，当技术熟练后可改为左右脚轮换跳。

4. 练习者在练习时认真思考可以采用哪些方法跳绳，可以有多少种通过三根跳绳的路径。

5. 开始时，可安排绳的每一端有一人摇绳，当动作熟练后，在内侧两交叉点处安排一人摇两绳。

6. 每次练习任务完成后，组织练习者讨论总结，谈谈练习时的心理感受以及可以有多少种连续跳过三根跳绳的路径。

评价要点

1. 练习者集中注意力的水平如何及跳的方法是否合理？
2. 摇绳者控制三根绳节奏的一致性如何？
3. 跳绳者是否乐意参与练习，并为团队完成练习而提出自己的建议？
4. 跳绳者是否能够积极探讨多种不同的跳绳路径？

四十六 小网绳

难度指数
★★★☆☆

练习目的

1. 提高练习者的花样跳绳技能。
2. 发展练习者的灵敏度、协调性、平衡能力、耐力等身体素质。
3. 培养练习者互相协作的意识和勇敢、果断的品质。

参与人数

男女不限，练习者7~10人一组为宜。

场地器材

平整空地；每组3根不小于3.6米的长绳。

组织方法

1. 在平整空地上，3条长绳的中点相互交叉成一"*"字摆放（如图所示），其中6位队员分别手持长绳的一端站立，双脚前后或左右开立均可。
2. 练习时，6名摇绳者在组织者的统一指挥下同时按顺时针方向摇绳，当摇绳节奏稳定后其余队员依次跑入跳绳。
3. 当跳绳者完成练习后与摇绳者交换角色进行练习。

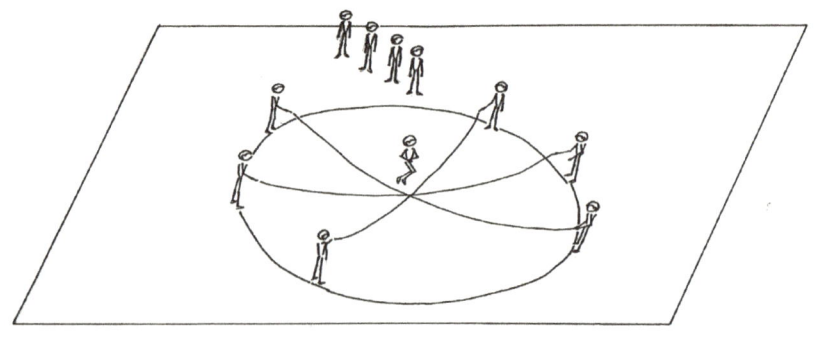

小网绳练习图示

教学建议

1. 开始练习时，推选出一名组织者负责协助摇绳、调整节奏、发出练习口令等工作。

2. 先进行空摇练习，摇绳时结合口令进行，并有意识地把口令与节奏相结合。

3. 练习空摇绳时，10次为一组，交换练习若干组。也可以每次摇绳完成10次后换人摇绳，连续练习5~6组。

4. 每一边的摇绳者尽量靠近一些，以保证中心交叉点不分散。

5. 跳绳者可采用任何方法跑入绳的中心交叉点，在迅速起跳的同时调整节奏。

评价要点

1. 摇绳者摇绳时是否3根绳的节奏一致？3根绳是否聚拢在一起？
2. 练习者集中注意力的水平如何及跳的方法是否合理？
3. 练习者是否能够执行组织者的口令并行动迅速？
4. 跳绳者是否乐意参与练习，并能够为团队完成练习而提出自己的建议？
5. 当同伴出现失误时，表现出来的态度是怎样的？
6. 练习者是否具有完成整个练习的体能和坚强的意志力？

四十七 往返穿梭长绳

难度指数
★★★☆☆

练习目的

1. 提高练习者折返穿梭跳长绳的技能。
2. 培养练习者花样跳绳的兴趣，丰富花样跳绳的练习方法。
3. 发展练习者的协调性、灵敏度、平衡能力、速度、耐力等身体素质。

参与人数

男女不限，练习者6~10人一组为宜。

场地器材

不小于6米×20米的平整空地；每组1根3.6米或4.2米的长绳，标志桶或标志碟4个。

组织方法

1. 在平整空地上，分别画3条平分线，把长绳置于中间的平分线上，在两边的边线上正对长绳分别放置两个标志物（相隔约2米）。
2. 其中的两名人员为摇绳者，其余人员为跳绳者。摇绳者站在中线上持绳准备，跳绳者站在任意一边的标志物旁准备。
3. 开始时，摇绳者以中等速度摇绳，跳绳者跑向跳绳，穿梭通过跳绳后跑向对面的标志物，然后绕过标志物并折返穿梭中线跳绳跑回起点。
4. 其余队员依此进行练习，直到完成确定的任务。

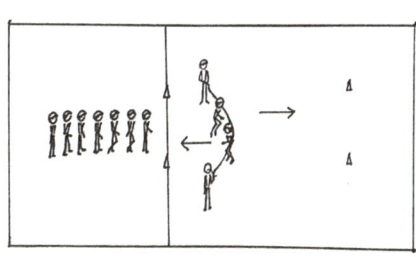

往返穿梭长绳图示

教学建议

1. 摇绳者要控制好摇绳的速度，以中等速度摇绳即可，且在摇绳的过程中密切关注跳绳者的状态，主动配合跳绳者完成跳绳。
2. 跳绳者跑动时要保持跑动的节奏，速度由慢到快或均速。
3. 先进行以标志桶为标志物的练习，再进行以标志碟为标志物的练习。跳绳者练习时要用右手触碰到环绕的标志物才能往返。
4. 加强练习者的体能训练。

评价要点

1. 摇绳者是否主动关注跳绳者的状态，并自觉调整摇绳的节奏？
2. 跳绳者是否每个往返练习都按要求完成？在整个练习过程中是否尽最大努力？

四十八 "O"形同步跳长绳

难度指数
★★★☆☆

练习目的

1. 提高团体花样跳绳的趣味性。
2. 发展练习者的灵敏度、平衡能力、耐力、速度等身体素质。
3. 培养练习者的团队协作、统一行动的意识,帮助他们克服心理障碍与增强自信心。

参与人数

男女不限,练习者 15~20 人一组为宜。

场地器材

平整空地;每组 1 根 3.6 米或 4.2 米的长绳。

组织方法

1. 在平整空地上,画一个直径为 5 米的圆,在练习者中推选两位为摇绳者 A 和 B,其余人员为跳绳者。
2. 摇绳者展开长绳站于圆的中线上,跳绳者依次平均分成两队(A 队和 B 队),站于长绳的同一侧的圆弧上。
3. 当听到开始信号后,A 队和 B 队各自的第一名跳绳者同时跑入绳中跳一次并快速从前方出绳,出绳后分别向左侧/右侧沿圆弧绕至原来等候的圆弧上跟着节奏小步跑。
4. 其余人员按照以上队员的路径依次进行。
5. 在整个练习过程中所有等候的练习者须进行原地小步跑练习。

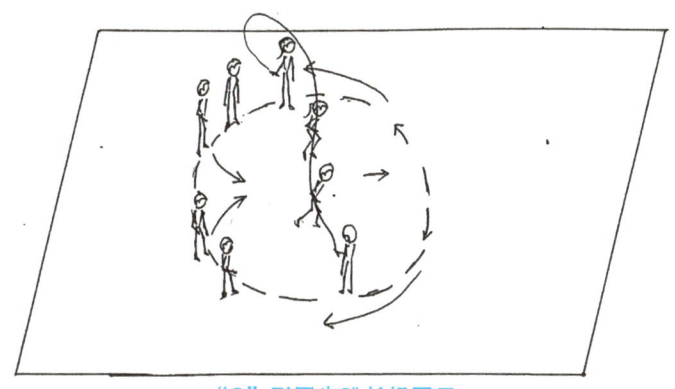

"O"形同步跳长绳图示

教学建议

1．选择场地稍宽、地面平整粗糙的地方进行练习。

2．按照跑入动作、跳起动作、跑出动作、模拟"O"字路径动作、完整动作的顺序练习。

3．开始时，先进行跳空绳练习。即两摇绳者分别持绳的一端，同时用力把长绳拉起使绳的圆弧最低点离地约10厘米，其余队员按照"1——2——3——"的节奏进行不摇绳跑跳练习。

4．等候的练习者整个过程须做原地小步跑，不能站在原地等候。

5．练习的节奏由慢到快，摇绳者要主动根据跳绳者的节奏、体能情况调整摇绳速度。

6．开始练习时，可以在地上画一个直径约5米的圆，摇绳者站在圆的直径上，练习者沿着圆弧的边线跑进。如果半个圆的弧线不能容纳所有练习者同时跑动时，可以把圆的直径加大。

7．练习时采用计时练习，时间可以根据体能状况确定为3分钟、5分钟、8分钟或10分钟。

评价要点

1．两队练习者在跑进的过程中节奏是否一致？

2．摇绳者的上肢力量是否适应练习的需要？

3．在练习过程中，参与者是否努力按照组织者的要求去调整自己的心态和技术，为尽可能增加成功的次数而努力？

4．当同伴出现失误时，表现出来的态度是怎样的？

5．练习者是否具有完成整个练习的体能和坚强的意志力？

四十九 "十"字绳穿梭接力跳

难度指数
★★★☆☆☆

练习目的

1. 提高跳绳的趣味性。
2. 发展练习者的灵敏度、平衡能力、耐力、速度等身体素质。
3. 培养练习者的团队协作、统一行动的意识，帮助他们克服心理障碍与增强自信心。

参与人数

男女不限，参与人数12人以上。

场地器材

平整空地；每组2根6～8米的长绳。

组织方法

1. 在平整空地上，以12人一个小组为例，画一个直径为10米的圆，经过圆心划两条互相垂直的直径，推选其中的4人为摇绳者站在直径与圆弧相交的点上，其余人员为跳绳者，面向同一方向均匀站在圆弧上。
2. 开始时，持绳者采用"1——2——，1——2——"的节奏连续摇绳，跳绳者依次跑跳入绳，在完成一次跳绳后跑出（跑出方向统一为顺时针或逆时针）。
3. 其余练习者按照此方法依次进行，直到完成要求的练习任务。

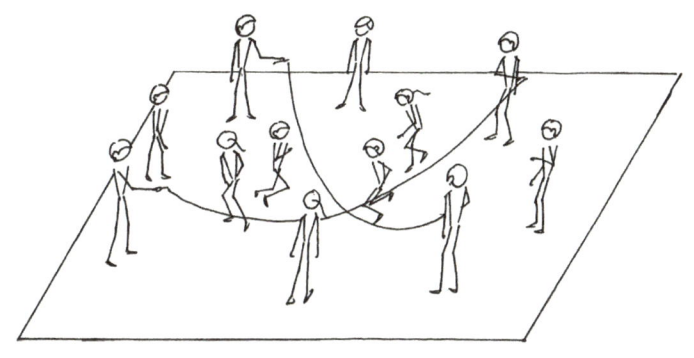

"十"字绳穿梭接力跳图示

教学建议

1. 练习开始之初选择跳绳技术和节奏好的人摇绳。
2. 为了控制节奏和活跃气氛,全队一边跳一边喊口令或口号。
3. 跳绳者在行进过程中要求采用小步跑。
4. 练习一至两个回合后换摇绳者。
5. 练习结束后,组织练习者谈谈练习时的心理感受。

评价要点

1. 全队入绳时节奏是否一致?与同伴间的距离是否合理?
2. 完成整个练习的成功率及流畅性如何?
3. 失误后是否知道该如何调整技术动作及站位?
4. 跳绳者是否具有完成整个练习的体能和坚强的意志品质?
5. 练习者是否听从指挥员的指挥,而且行动果断、迅速?

五十 交互绳穿梭跳

难度指数
★★★★☆

练习目的

1. 提高练习者的花样跳绳技能。
2. 发展练习者的灵敏度、协调性、平衡能力、力量、速度等身体素质。
3. 培养练习者的团队协作、统一行动的意识,帮助他们克服心理障碍与增强自信心。

参与人数

男女不限,练习者10～12人一组为宜。

场地器材

平整空地;每组2根3.6米或4.2米的长绳。

组织方法

1. 在平整空地上,选择两位摇绳技术较好的练习者先摇绳,其余练习者平均分成两个练习小组,并分别成一路纵队站在两摇绳者的左侧,分别编号为1,2,3,…

2. 练习开始时,每组按照1号、2号、3号…的顺序错位从交互绳中穿梭跳过;穿梭过交互绳后,绕至对方队伍后面等候。当每个队员完成一次穿梭跳后重新开始。

交互绳穿梭跳图示

教学建议

1. 练习开始前，组织练习者学习练习的目的、意义，明确跳绳者与摇绳者各自的责任与义务，自我评估胜任的角色，并主动选择先跳绳还是先摇绳。

2. 跳绳者动作要干脆利落，当距离自己最近的绳落地时马上跑入，并继续保持相同节奏跑出。

3. 入绳时摇绳者一起喊口号"预备，1，2，跳"，便于跳绳者保持精力集中。

4. 出现失误时，跳绳者迅速离开跳绳位置并跑回跳绳者队伍的末尾等候，摇绳者则迅速地整理好绳。

5. 跳绳者双手不能过于外张，以免触碰绳，但可以自然小范围摆动以保持身体平衡。

评价要点

1. 练习者入绳接完成第一次起跳是否动作协调？位置是否合理？

2. 摇绳者摇绳节奏是否稳定？是否在摇绳过程中时刻提醒跳绳者的节奏？

3. 跳绳者是否精力集中，两人的节奏是否一致？

4. 摇绳者是否有意识地根据跳绳者的节奏、速度调整摇绳的速度？

5. 在整个练习过程，同伴间是否积极探讨？练习氛围是否和谐？

五十一 长绳套人跳

难度指数
★★★☆☆

练习目的

1. 发展练习者的灵敏度、协调性、平衡能力、力量、速度等身体素质。
2. 培养练习者敏捷、果断、勇敢的品质。

参与人数

男女不限，练习者10～16人一组为宜。

场地器材

不小于6米×6米的平整空地；每组1根3.6米或4.2米的长绳。

组织方法

1. 在平整空地上，练习者10～16人为一组，其中2人为摇绳者，其余人员为跳绳者。

2. 开始练习前，确定两位摇绳技术较好的队员先摇绳，其余按两人为一小组，左右并排站立，且各小组前后成纵队站立，每小组之间间隔约2米；摇绳者持绳站于跳绳者前方，且与跳绳者的纵队面垂直。

3. 开始时，摇绳者原地摇动跳绳，节奏稳定后根据口令有节奏地边摇绳边移动到第一组跳绳者的位置，当第一组完成跳绳后，摇绳者向第二组移动并用同样的方法摇绳，第二组采用与第一组同样的方法跳跃过绳，依次进行。

长绳套人跳图示

教学建议

1. 先进行空跳练习，当节奏一致时再进行有绳的练习。

2. 开始时，按照规定的方法完成，当同伴间配合默契时可以鼓励跳绳者边跳绳边做一些简单的步伐动作。

3. 为了让更多的练习者适应不同的角色，学习和体会不同的技术，每一轮或两轮交换一次角色。

4. 帮助练习者在游戏中建立和谐的同伴关系，同伴间互相鼓励、帮助和包容。

5. 提示练习者根据跳绳者的技术水平调整摇绳速度；摇绳的速度由慢到快。

6. 当练习者人数较多时，可以分成若干小组，组与组之间进行比赛练习。

评价要点

1. 摇绳者是否认真负责？是否在摇绳过程中还时刻关注同伴的摇绳节奏？
2. 两跳绳者注意力是否集中，起跳是否果断，步伐是否一致？
3. 摇绳者是否有意识地根据跳绳者的节奏、速度调整摇绳的速度？
4. 在同伴失误时，是否能够及时鼓励并给予方法指导？

五十二 递增折返跳长绳

难度指数
★★★★☆

练习目的

1. 提高练习者连续奔跑接跳跃的能力，发展其综合身体素质。
2. 培养练习者团队之间相互配合的意识和能力。
3. 培养练习者不怕苦、不怕累的良好品质。

参与人数

男女不限，练习者12~20人一组为宜。

场地器材

不小于8米×40米的平整空地；每组5根5~7米的长绳。

组织方法

1. 在平整空地上，在练习者中选10人为摇绳者，其余人员为跳绳者。
2. 10位摇绳者两人摇一条绳，分别各持绳的一端，5组长绳在场地内相距5米平行排列，跳绳者3~4人一组，站在起点线上。
3. 练习开始，摇绳者按照统一的节奏摇绳，跳绳者从起点线跑向第一根绳完成一次跳绳立即向前出绳，并跑向第二根绳跳一次，然后转身跑向第一根绳跳一次，完成后再转身跑向第二根跳绳，按照上一次的方法完成第二根绳的跳绳，并向第三根绳跑去，完成一次跳绳后再折返至第一、二根跳绳，如此往复，直到完成5根跳绳的练习。
4. 在整个过程中，经过的每一根跳绳都要跳一次，经过绳与绳之间时都快速跑，从第二根绳开始，每往前增加一根跳绳都要折返重复完成前面的练习内容。

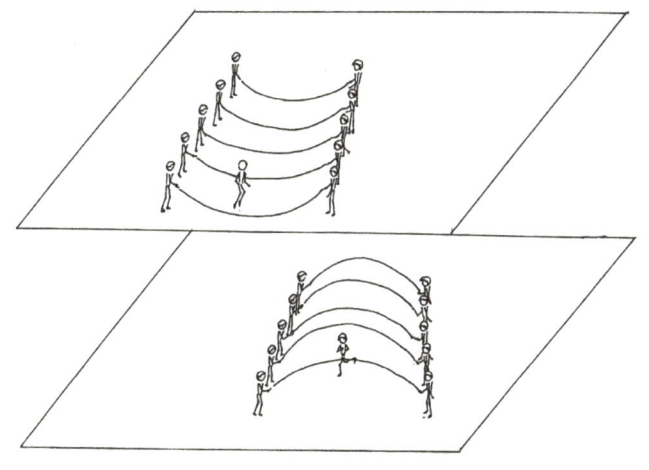

递增折返跳长绳图示

教学建议

1. 选择的长绳尽量长度一致。
2. 在布置跳绳场地时，先确定好摇绳者站位的区域，并在地上作标记，摇绳者站在摇绳的区域摇绳。
3. 尽量选择上肢力量、协调性等身体素质较好的练习者先摇绳。
4. 摇绳者跳绳起动时动作一致，节奏一致，当有失误需重新起动摇绳时，根据前一根跳绳的节奏起动。
5. 跳绳者采用跑跳的形式进出跳绳，在折返过程中保持身体相对稳定。
6. 可以多位练习者同步进行练习，也可以不同时、不同节奏进行练习。
7. 为了提高协同摇绳的能力，每次练习前先进行同节奏及变化节奏交替的空摇跳绳练习。
8. 练习任务完成后，组织摇绳者与跳绳者互相提建议，并讨论改进的方法。

评价要点

1. 全体摇绳者摇绳时是否节奏一致？重新起动时能否跟上同伴的摇绳节奏？
2. 跳绳者跑、跳两动作衔接是否流畅？
3. 在布置站位及起跳时，练习者是否听从组织者的指挥并行动迅速？
4. 当同伴出现失误时，能否及时鼓励并指出存在问题和提供改进意见？
5. 跳绳者与摇绳者交换跳绳时动作衔接是否流畅，能否一拍到位？

五十三 "四角绳"同步转换跳

难度指数
★★★★☆☆

练习目的

1. 提高练习者花样跳绳的技能，发展练习者的体能。
2. 培养练习者的自主性及勇于承担责任的品质，以及在练习中主动评估自己的能力，自觉担任活动角色。
3. 培养练习者的协作探讨问题、解决问题的能力。
4. 培养团队配合意识和能力。

参与人数

男女不限，练习者8~12人一组为宜。

场地器材

平整空地；每组4根相同长度的4.2米至6米的长绳。

组织方法

1. 在平整空地上，练习者8~12人为一小组，选择4名队员为摇绳者，其余为跳绳者。
2. 4名摇绳者站立位置之间的连线呈正方形，双手分别各持长绳的一端，组成一个正方形。长绳分别为1、2、3、4号绳。
3. 练习时，持绳的4人同时向内侧或外侧摇绳，跳绳者分别站在4位摇绳者的左侧或右侧等候，当摇动的"四角绳"节奏稳定后，跳绳者同时跑跳入绳并一边跳一边喊口令"1，2，3，换"。喊口令"1，2，3"时连续跳3次，喊口令"换"时，则4人同时按顺时针或逆时针换位，即跳1号绳者换至2号绳，跳2号绳者换至3号绳，跳3号绳者换至4号绳，跳4号绳者换至1号绳，直到有人失误或完成规定的次数。
4. 当完成规定的次数后，摇绳者与跳绳者交换角色进行练习。

"四角绳"同步转换跳练习图示

教学建议

1. 练习开始前，组织练习者学习练习的目的、意义，明确跳绳者与摇绳者各自的责任与义务，自我评估胜任的角色，并主动选择先跳绳还是先摇绳。

2. 4位摇绳者要同步摇绳，不能过快或过慢，摇绳的人要双手以肩关节为轴抬高手摇绳。

3. 跳绳者进绳时动作要干脆利落，入绳时起跳高度稍高些，换位时，目标绳一落地即由近绳端快速移动至目标绳，并接着原节奏连续起跳，整个过程要保持节奏相对稳定。

4. 采用配音乐、喊口号、打拍子等方法进行专门的摇绳节奏练习。

5. 按照慢速—快速—慢速—中速—快速—慢速的节奏练习。

6. 入绳时选择一位声音洪亮者喊口号，比如："预备，1，2，跳"。出现失误时，跳绳者迅速离开跳绳位置并站在摇绳者旁边准备重新开始，摇绳者则迅速地整理好跳绳。

7. 所有队员统一用并脚跳的方法跳绳，在跳的过程中控制自己的节奏，有意识地调整自己跳的节奏与摇绳的节奏一致。

评价要点

1. 练习者评估自己的水平时是否积极且准确，并主动提出自己想要担任的角色？

2. 摇绳者摇绳的节奏是否稳定？是否在摇绳过程中还时刻关注同伴的摇绳节奏？

3. 跳绳者注意力是否集中，入绳是否果断迅速？

4. 摇绳者是否有意识地根据跳绳者的节奏、速度调整摇绳的速度？

5. 在同伴失误时，是否能够及时鼓励并给予方法指导？

6. 在整个练习过程中，同伴间是否积极探讨？练习氛围是否和谐？

五十四 跳方阵

难度指数 ★★★☆☆

练习目的

1. 提高练习者进出绳和持续奔跑、跳跃的能力。
2. 培养练习者敏捷、果断、勇敢的品质。
3. 培养练习者之间互相协助、关注对方的意识。

参与人数

男女不限,练习者10～16人一组为宜。

场地器材

不小于6米×6米的平整空地,每组4根3.6米或4.2米的长绳。

组织方法

1. 在平整空地上,以空地的中心为基准画一正四边形,把练习者分成10～16人一组。
2. 练习前,确定8位摇绳技术较好的队员先摇绳,其余为跳绳者。
3. 练习时,两人一组持一根绳,且每根绳对应四边形垂直平分线的半边(形成"十"字形),每组摇绳者单手持绳面对面站在垂直平分线半边线的两侧,站在四边形中心的摇绳者尽量靠紧,形成一个跳绳"方阵"。
4. 跳绳者跳绳时,从四边形的任意一个角开始,沿着边线向前跑跳,直到跳完四根跳绳为完成一次练习。

跳方阵练习图示

教学建议

1. 开始时按照规定的方法完成，当同伴间的配合默契时可以鼓励跳绳者在跳绳的同时加入一些徒手动作（例如街舞）。

2. 可根据跳绳者的熟练度及体能选择跳绳的长度，技术及体能好则可以适当选择较长的跳绳，反之则选择较短的跳绳。

3. 为了让更多的练习者适应不同的角色，学习和体会不同的技术，每一轮或两轮交换一次角色。

4. 先进行空跳练习，当熟悉跑进路线及节奏时再进行有绳的练习。

5. 帮助练习者在练习中建立和谐的同伴关系，同伴间互相鼓励、帮助和包容。

6. 提示摇绳者根据跳绳者的技术水平调整摇绳的力量；摇绳的速度从慢到快。

评价要点

1. 摇绳者是否认真负责？是否在自己摇绳过程中还时刻关注同伴的摇绳节奏？

2. 跳绳者跑进与跑出时是否果断、勇敢？

3. 摇绳者是否有意识地根据跳绳者的节奏、速度调整摇绳的力量？

4. 在同伴失误时，是否能够及时鼓励并给予方法指导？

五十五 "正方形"花式长绳

难度指数
★★★★☆☆

练习目的

1. 提高练习者花样跳绳的技能。
2. 发展练习者的灵敏度、协调性、平衡能力、力量、速度等身体素质。
3. 培养练习者的团队合作意识。
4. 提高练习者的敏捷性和判断能力。

参与人数

男女不限,练习者10~15人一组为宜。

场地器材

平整空地;每组4根3.6米或4.2米的长绳。

组织方法

1. 在平整空地上,推选4名练习者分别摇4条跳绳,其余练习者为跳绳者。
2. 摇绳的4人站位的连线形成一个正方形,其余人员排成一纵队站于任意一名摇绳者左侧,跳绳者按顺时针的路径完成4次跳绳。
3. 跳绳者依次从第一名摇绳者的左侧入绳起跳,跳一次后迅速出绳跑入第二条跳绳起跳一次,依次跳完4条跳绳,完成4次跳绳后从最后一条跳绳的左侧出绳。
4. 其余跳绳者依此方法进行练习。

"正方形"花式长绳练习图示

教学建议

1. 4根跳绳的长度要一致，摇绳速度稍慢一些，4位摇绳者动作要协同一致。

2. 练习者进出绳时可采用口令指挥，如用"1——2——3——"的口令调节练习节奏。

3. 根据发展体能的需要，每组练习由3次、2次、1次，逐步减少，一步跑到位。

4. 跳完一轮后，跳绳者与摇绳者交换角色。

5. 每次练习任务完成后，组织摇绳者与跳绳者互相给对方提建议，并讨论总结改进的方法。

评价要点

1. 摇绳者注意力是否集中，是否能够控制自己摇绳的节奏与同伴的一致？
2. 跳绳者是否具有稳定的节奏？
3. 在探讨练习方法时，是否能够主动提出自己的看法？
4. 当多次出现失误时，是否能够冷静思考，主动寻找失误的原因？
5. 进出绳时是否做到勇敢、果断？
6. 练习者是否具有完成整个练习的体能和坚强的意志力？

五十六 "W" 形花式长绳

难度指数
★★★★☆

练习目的

1. 培养练习者创新练习方法的意识和能力。
2. 发展练习者的灵敏度、协调性、平衡能力、耐力、爆发力等身体素质。
3. 培养练习者互相协作的意识和勇敢、顽强的品质。

参与人数

男女不限，练习者10~16人一组为宜。

场地器材

平整空地；每组4根3.6米或4.2米的长绳。

组织方法

1. 在平整空地上，练习者10~16人为一组，先确定8位练习者为摇绳者，其余为跳绳者。
2. 在地面按照"W"形布置好长绳，在每根长绳绳把相对的地面画一个标记（固定摇绳者的站位），摇绳者站在标记位置先摇绳，跳绳者成一路纵队在"W"形跳绳的A点或C点（如图所示）开始，采用任意合适的跳法完成4根跳绳的练习，当所有练习者完成后按照原方法重新开始。
3. 当指定的任务完成后，摇绳者与跳绳者交换角色进行练习。

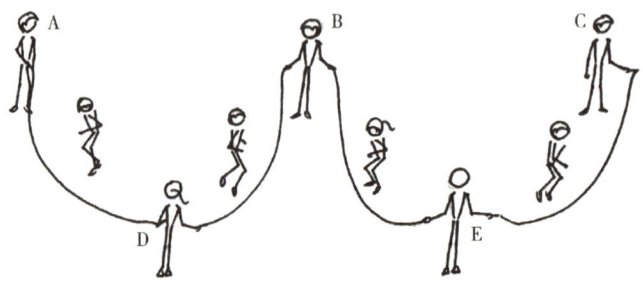

"W"形花式长绳练习图示

教学建议

1. 此练习在掌握较好的跳长绳基础上再开展学习。

2. 在摇绳之前，推选一位责任心强的练习者负责监控整个练习过程，每次练习开始时均由他发出指令。

3. 跳绳者在练习的整个过程采用左右脚交换跳练习。

4. 摇绳者在摇绳时伸直手臂，采用大环绕的方式摇绳。

5. 练习者在练习时认真思考可以采用哪些方法跳绳？可以有多少种通过4根跳绳的路径？

6. 开始时，可在跳绳的每一端安排一人摇绳，当动作配合熟练后，可在B、D、E点（即"W"形中部和下方）只安排一人摇两条长绳。

7. 每次练习任务完成后，组织练习者讨论总结，谈谈练习时的心理感受。

评价要点

1. 练习者集中注意力的水平如何，方法是否合理？
2. 摇绳者控制4根跳绳节奏的一致性如何？
3. 跳绳者是否乐意参与练习，并为团队完成练习而提出自己的建议？
4. 跳绳者是否能够积极探讨多种不同的跳绳路径？
5. 跳绳者在通过所有跳绳时是否动作协调、迅速、连贯？

五十七 "2+5" 长绳同步跳

难度指数
★★★★☆☆

练习目的

1. 发展练习者的灵敏度、协调性、平衡能力、耐力、起动速度等身体素质。
2. 培养练习者互相协作的意识。
3. 培养练习者集体荣誉感和成就感，让其体验到跳绳的乐趣。

参与人数

男女均可，练习者每 7 人一组。

场地器材

不小于 6 米 × 12 米的平整空地；每组 1 根 6~8 米的长绳。

组织方法

1. 在平整空地上，练习者每 7 人为一组，先找两位队员为摇绳者，其余为跳绳者。
2. 摇绳者单手或双手持绳与跳绳移动的方向垂直站好，跳绳者左右间隔约 50 厘米，前后距离 150~200 厘米呈阶梯式站立。
3. 开始时，两位摇绳者摇动长绳并跑向第一位队员，当长绳到达第一位队员的位置时，第一位队员迅速起跳并与长绳一起跳向第二位队员，此时长绳与第一位及第二位队员形成一个整体，当第一位队员与第二位队员形成一个整体并完成一次跳跃时，继续以同样的方式向第三、四、五位队员移动，最后 5 位队员形成一个行进间同步跳长绳的状态，并一起跟随长绳跳到终点。

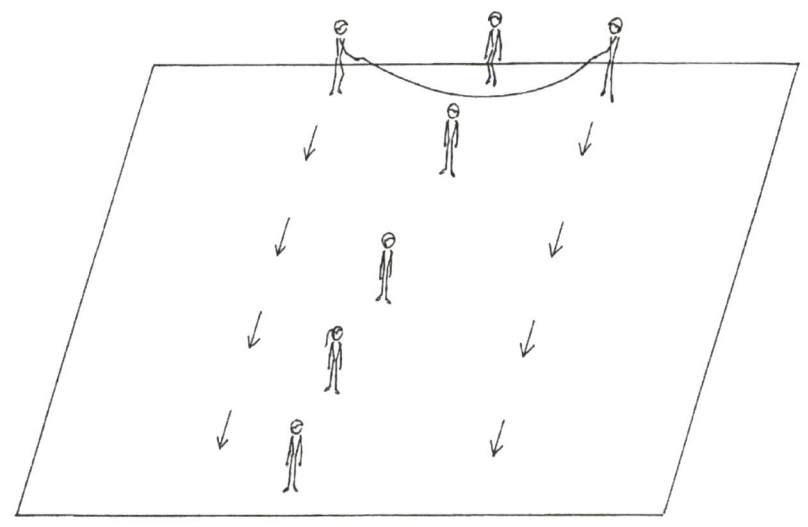

"2+5"长绳同步跳图示

教学建议

1. 选择个子稍高的两个人摇绳，其中一人喊口令指挥，其他人要集中精力，并主动调整入绳的时机。
2. 摇绳的两人尽量保持在同一水平线上，并且移动的步伐与跳绳的节奏要一致。
3. 开始时，把摇绳与跑跳的练习分开进行，然后再合并练习。
4. 开始练习时，可以从2人、3人……逐渐增加至5人。
5. 在起点、终点及练习者的站位做一个标志。
6. 在安排站位时，把技术和体能最好的放在最前面。
7. 每次练习任务完成后，组织摇绳者与跳绳者互相给对方提建议，并讨论改进的方法。

评价要点

1. 每位练习者是否具有强烈的责任意识？注意力是否高度集中？
2. 组织者的指挥口令是否清晰？
3. 跳绳者是否能够灵活地根据长绳摇进的距离主动调整站位？
4. 当同伴出现失误时，表现出来的态度是怎样的？
5. 练习者是否具有完成整个练习的体能和坚强的意志力？

五十八 交互绳接力跳

难度指数
★★★☆☆

练习目的

1. 提高练习者的花样跳绳技能。
2. 发展练习者的灵敏度、协调性、平衡能力、力量、速度等身体素质。
3. 培养练习者的团队协作、统一行动的意识,帮助练习者克服心理障碍与增强自信心。

参与人数

男女不限,练习者3~4人一组为宜。

场地器材

平整空地;每组2根3.6米或4.2米的长绳。

组织方法

1. 在平整空地上,练习者3~4人为一组,先找两名队员摇绳,其余队员站于摇绳者左侧等候,人数较多时可平均分散站于两位摇绳者的左侧。
2. 练习开始时,两摇绳者双手分别握两绳的两端,两摇绳者相距以跳绳中部约50厘米触地为宜。跳绳者从摇绳者的左侧入绳,入绳后迅速调整自己的起跳节奏,连续完成3~5次后出绳,出绳后与近位同伴交换摇绳。
3. 其余人员按照第一名练习者的方法依次进行。

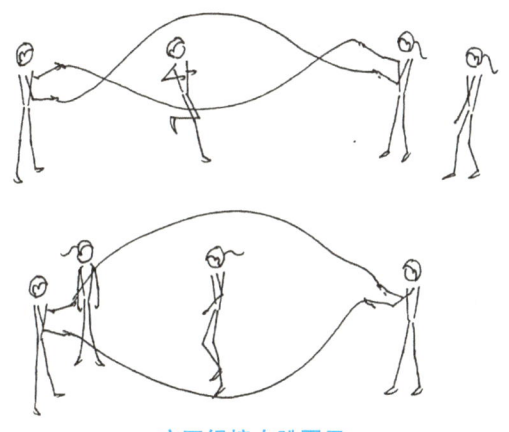

交互绳接力跳图示

教学建议

1. 两根跳绳的长度要一致，摇绳速度稍慢一些，两摇绳者动作要协调一致。

2. 在摇绳节奏不稳或技术不熟练时，可采用两人合作分离摇绳的练习方法，即当先摇的绳至最高点（也就是最上方）时再摇另一条绳。

3. 摇绳时，上臂尽量保持不动，靠近身体，用前臂带动手腕发力，膝关节微屈，双脚左右开立与肩同宽。

4. 重点加强进出绳的练习，进出绳时只看近绳，进绳时近绳打地即跑入并连续起跳调整节奏。出绳时，近绳在最上方即跳出跳绳。

5. 练习者进出绳时可采用口令指挥，如"1，2，3，4，5…"接力跳比赛进出绳方向必须固定（同为左侧）。

6. 根据发展体能的需要，每组练习由20次、30次、40次……逐步增加。

7. 练习一轮后，跳绳者与摇绳者交换角色。

8. 每次练习任务完成后，组织摇绳者与跳绳者互相给对方提建议，并讨论改进的方法。

评价要点

1. 摇绳者注意力是否集中，是否能够控制自己摇绳的节奏？
2. 当同伴出现失误时，是否能够给予同伴鼓励？
3. 跳绳者与摇绳者的体能表现如何？
4. 在探讨练习方法时，是否能够主动提出自己的建议？
5. 当多次出现失误时，是否能够冷静思考，主动寻找失误的原因？
6. 跳绳者进出绳时是否做到勇敢、果断？

五十九　交互绳 "8" 字跳

难度指数
★★★☆☆

练习目的

1. 提高练习者跳交互绳的花样水平。
2. 发展练习者的灵敏度、协调性、平衡能力、力量、速度等身体素质。
3. 培养练习者的团队协作精神和统一行动的意识。
4. 帮助练习者克服心理障碍与增强自信心。

参与人数

男女不限，练习者 10~12 人一组为宜。

场地器材

平整空地；每组 2 根 3.6 米或 4.2 米的长绳。

组织方法

1. 在平整空地上，选择两位摇绳技术较好的练习者（分别为 A 和 B）先摇绳，其余人员为跳绳者。

2. 开始时，跳绳者排成一路纵队站于摇绳者 A 的左侧或右侧，当听到开始信号后，第一名跳绳者跑入绳中跳一次并快速从摇绳者 B 右侧或左侧出绳，出绳后绕至摇绳者 B 的另一侧等候，其余人员按照第一名队员的路径依次进行。

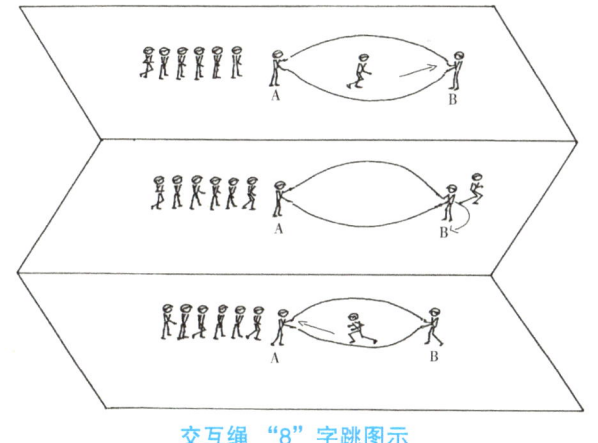

交互绳"8"字跳图示

教学建议

1．两根跳绳的长度要一致，摇绳速度稍慢一些，两摇绳者动作要协调一致。

2．在摇绳节奏不稳或技术不熟练时，可采用两人合作分离摇绳的练习方法，即当先摇的绳至最高点（也就是最上方）时再摇另一条绳。

3．摇绳时，上臂尽量保持不动，靠近身体，用前臂带动手腕发力，膝关节微屈，双脚左右开立与肩同宽。

4．重点加强进出绳的练习，进出绳时只看近绳，进绳时近绳打地即跑入并连续起跳调整节奏。出绳时，近绳在最上方即跳出跳绳。

5．练习者进出绳时可采用口令指挥，如"1，2，3，跳（出）"，进绳方向可固定，出绳时序号为单数的队员从异侧出，序号为双数的队员从同侧出。

6．根据发展体能的需要，每组练习计时从1分钟、2分钟、3分钟……逐步增加。

7．练习既定任务后，跳绳者与摇绳者交换角色。

评价要点

1．摇绳者注意力是否集中，是否能够控制自己摇绳的节奏？
2．当同伴出现失误时，如何鼓励同伴？
3．跳绳者体能表现如何？
4．当多次出现失误时，是否能够冷静思考，主动寻找失误的原因？
5．进出绳时是否做到勇敢、果断？

六十 长绳并列"8"字接力跳

难度指数
★★★☆☆

练习目的

1. 提高练习者的花样跳绳技能。
2. 发展练习者的灵敏度、协调性、平衡能力、力量、速度等身体素质。
3. 培养练习者的团队意识，提高反应能力和判断能力。

参与人数

男女不限，练习者10~20人一组为宜。

场地器材

平整空地；每组2根3.6米或4.2米的长绳。

组织方法

1. 在平整空地上，从练习者中推选4人为摇绳者A、B、C、D，队员A和B摇第一组长绳，队员C和D摇第二组长绳，其余人员为跳绳者。

2. 开始时，跳绳者成一路纵队站于摇绳者A（左侧或右侧）后方，当听到开始信号后，第一名跳绳者从摇绳者A（左侧或右侧）跑入第一组跳绳中，完成一次跳绳后快速从摇绳者B（右侧或左侧）出绳，出绳后绕至第二组长绳摇绳者C（右侧或左侧），并跑入第二组长绳完成一次跳绳后再从摇绳者D（左侧或右侧）出绳，出绳后绕到摇绳者D的另一侧后再次进入长绳中，以相同方式返回起点与第二名队员接力完成练习。

3. 其余人员按照第一名队员的路径和方法依次进行。

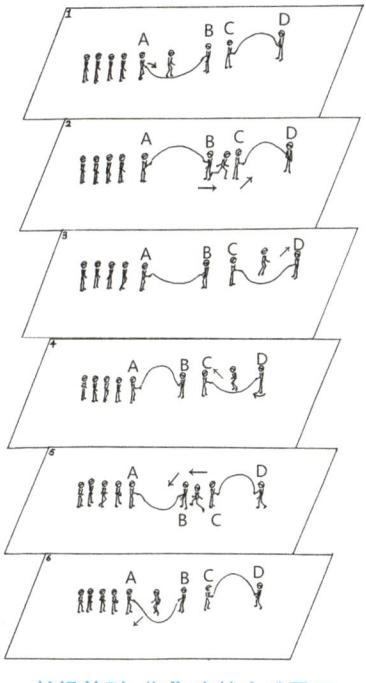

长绳并列 "8" 字接力跳图示

教学建议

1. 两组长绳的摇动节奏要一致，但方向相反。
2. 两组跳绳之间的间隔一般为5米，也可以根据跳绳者的体能及人数调整距离。
3. 练习者进出绳时可采用口令指挥，如 "1——2——3——" 的口令调节练习节奏。
4. 练习既定任务完成后，跳绳者与摇绳者交换角色。

评价要点

1. 两组摇绳者是否能够默契地调整两者之间的距离？
2. 是否有练习者主动担任指挥者角色？在整个活动中，练习者是否听从组织者的指挥并行动迅速？
3. 在练习过程中，练习者是否努力按照组织者的要求去调整自己的心态和技术，为尽可能增加成功的次数而努力？
4. 当同伴出现失误时，表现出来的态度是怎样的？
5. 练习者是否具有完成整个练习的体能和坚强的意志力？

六十一　长绳并排交替"8"字跳

难度指数
★★★★☆

练习目的

1. 发展练习者的灵敏度、协调性、平衡能力、力量、速度等身体素质。
2. 培养练习者的主动性和团队协作意识。

参与人数

男女不限，练习者10～20人一组为宜。

场地器材

平整空地；每组2根3.6米或4.2米的长绳。

组织方法

1. 在平整空地上，练习者10～20人为一组，其中4人为摇长绳者，其余为跳绳者。

2. 两组长绳的摇绳者站位呈一直线，左右间隔约3米，把摇绳者从任一端开始分别标记为A、B、C、D，跳绳者按人数平均分为两组，分别站立于摇绳者A和D的一侧。

3. 开始时两根跳绳同时向一个方向摇动，跳绳者分别同时从A和D端按照"8"字跳的方法跑入，完成一次跳绳后从B端和C端跑出，并在B和C之间交替穿过，然后跑入另一根长绳，完成后出绳到对面的小组排队等候。其余队员依此方法连续进行，这样每人需要完成由A、B和C、D组成的两组长绳及在B和C之间交替穿越一次。

长绳并排交替 "8" 字跳图示

教学建议

1. 开始练习时，先依据练习者的人数、技术水平确定摇绳者的站位。
2. 先进行不摇绳的空跑练习，以便大家熟悉练习的路径。
3. 两组长绳的摇动节奏和方向要控制一致。
4. 摇绳者摇绳速度稍慢，并及时依据跳绳者的速度调整节奏。
5. 跳绳者进绳要迅速，刚开始可以两条绳进行间隔跳进，熟练后再进行连续进绳跑跳。

评价要点

1. 摇绳者是否认真负责？是否在摇动跳绳的同时还及时关注同伴摇绳的节奏？
2. 跳绳者是否注意力集中，起跳是否果断？
3. 摇绳者是否有意识地根据跳绳者的节奏调整摇绳的速度？
4. 练习者失误后是否能够迅速离开，并及时告知同伴自己失误的原因？

六十二　十人长绳同步跳接旋转360°

难度指数
★★★☆☆

练习目的

1. 发展练习者的平衡能力、下肢力量、腰腹力量等身体素质。
2. 发展练习者连续跳跃的能力。
3. 培养练习者团队之间相互配合的意识和能力。
4. 培养练习者集中注意力及聆听的良好习惯。

参与人数

男女不限，练习者每10人一组。

场地器材

平整空地；每组1根6~8米的长绳。

组织方法

1. 在平整空地上，练习者每10人为一组，其中2人为摇长绳者，其余8人为跳绳者。
2. 在场地中央画一个圆（圆半径为绳长减2米），并画出圆心。挑选两位腰腹力及上肢力量较好，体能较佳的队员作为摇绳者（A和B）。摇绳者A持绳的一端站立于圆心上，摇绳者B持绳的另一端站立于圆弧上，跳绳者一字排开站立于长绳中部。
3. 练习时摇绳者与跳绳者按照统一节奏练习，当练习者完成原地同步跳5次后，以摇绳者A的中心点为圆心旋转360°。外侧摇绳者B按照顺时针或逆时针方向跨一步摇一次绳的方法沿圆弧移动，跳绳者则保持一路纵队跟着跳绳的移动而向前跳跃，直到完成360°旋转为止。

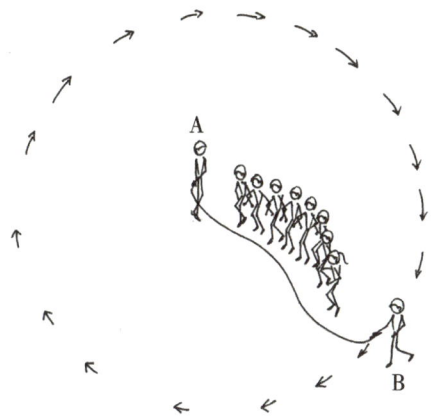

十人长绳同步跳接旋转360° 图示

教学建议

1. 尽量选择身高较高且体能较好的队员摇绳。
2. 开始时先在地面画一个圆,把跳绳拉直且圆心与跳绳的任意一端重叠。
3. 首先确定好旋转的方向(顺时针或逆时针),练习者面向旋转的方向站立。
4. 开始时,跳绳者按照摇绳的节奏一起用并脚跳完成跳跃5次,并从跳第6次开始大声数数,当跳完第5次时大声喊"转"。
5. 出现失误时立即停止,回到原点重新开始(也可以根据情况允许失误的次数,但不能太多)。
6. 所有队员统一用并脚跳的方式跳绳,在跳的过程中控制自己的站位相对固定,有意识地调整自己跳的节奏与摇绳的节奏一致。
7. 当练习完成一定次数后轮换摇绳者。
8. 站位顺序一般身高较高的在中间,人员较多时也可安排两列横队站位。
9. 每次练习任务完成后组织讨论,谈谈心理感受。

评价要点

1. 摇绳者是否做到有节奏地摇一次绳向前跨一步?
2. 跳绳者在完成第6次跳跃时,是否能够及时地跟着长绳移动?
3. 跳绳者是否始终保持与同伴站在相对的直线上?
4. 在练习过程中,练习者是否为团队尽可能增加成功的次数而竭尽所能?
5. 在布置站位及起跳时,练习者是否听从组织者的指挥?
6. 当同伴出现失误时,能否及时鼓励并指出存在问题和提供改进意见?

六十三 三人交互绳轮换接力跳

难度指数
★★★☆☆

练习目的

1. 培养练习者跳交互绳的技能，增强其跳交互绳的学习兴趣。
2. 发展练习者的灵敏度、协调性、平衡能力、力量、速度等身体素质。
3. 培养练习者的团队协作意识，帮助练习者克服心理障碍与增强自信心。

参与人数

男女不限，练习者每3人一组。

场地器材

平整空地；每组2根3.6米或4.2米的长绳。

组织方法

1. 在平整空地上，练习者采用左右脚交换或并脚跳的方法进行，但必须全队统一跳法。
2. 三名练习者分别为A、B、C，其中B、C先摇绳，两人双手分别握两绳的两端，两摇绳者相距以跳绳中部约50厘米触地为宜，A从C左侧入绳，面向B跳绳，完成规定时间或次数后，A从左侧出绳，与B进行交接绳，B从A左侧进绳面向C跳绳，完成规定时间或次数后，B从左侧出绳，与C进行交接绳，C从B左侧进绳面向A跳绳，直到时间结束或完成规定次数。
3. 练习开始时，入绳后迅速调整自己的起跳节奏，连续完成3~5次跳跃后出绳，出绳后与近位同伴交换摇绳。

三人交互绳轮换接力跳图示

教学建议

1. 两根跳绳的长度要一致，两摇绳者动作要协调一致。
2. 摇绳的节奏分为：进绳——慢，途中跳——逐渐加速到相应的最快速度，出绳——减速后出绳，交接绳（以较慢速度交接，交接过程绳子运动轨迹不变）。
3. 跳绳者最好用左右脚交换跳的方式跳绳，双手靠近身体，上体稍前倾。
4. 摇绳时，上臂尽量保持不动，靠近身体，用前臂带动手腕发力，膝关节微屈，双脚左右开立与肩同宽。
5. 进出绳时动作干脆利落、一步到位。
6. 练习者采用口令指挥，如"1，2，3，4，5…"。
7. 根据发展体能的需要，每组练习由100次、150次、200次……逐步增加，或每20秒/30秒/60秒摇绳者与跳绳者交换一次。
8. 练习完成后，组织练习者谈谈心理感受。

评价要点

1. 摇绳者是否时刻关注跳绳者的节奏，从而调整摇绳的节奏？
2. 跳绳者的技术动作是否符合快速跳交互绳的要求？
3. 跳绳者与摇绳者的体能表现如何？
4. 当多次出现失误时，是否能够冷静思考，主动寻找失误的原因？
5. 跳绳者进出绳时是否做到勇敢、果断？

六十四 移动"Z"字同步跳

难度指数
★★★★☆

练习目的

1. 发展练习者的灵敏度、协调性、平衡能力、耐力等身体素质。
2. 培养练习者互相协调、协作的意识。
3. 培养练习者勇敢、顽强的品质。

参与人数

男女不限,练习者8~10人一组为宜。

场地器材

平整空地;每组1根约5米的长绳。

组织方法

1. 在平整空地上,挑选两位上肢、腰腹力量及协调性较好,方向感较好的练习者作为摇绳者,其余练习者作为跳绳者。
2. 靠近场地边线划一条起点线,摇绳者持绳站在起点线上,分别为A、B两点,平行于起点线沿场地中央划一条平行线作为参考线,跳绳者一列横队站在长绳中部。
3. 开始时,摇绳者摇绳,同时跳绳者跟着长绳的节奏跳绳,节奏稳定后以A点为圆心,B点在保持长绳运动的状态下作圆弧移动,跳绳者与移动的长绳一起移动,B点移动5~7步左右停下作为圆心,再由A点移动,跳绳者与B点摇绳者移动的方法及要求与A点移动时一致。
4. 直到完成指定的距离为止。

移动 "Z" 字同步跳练习图示

教学建议

1. 摇绳者要把握好摇绳节奏，特别是要控制好长绳之间的距离及摇绳的状态。

2. 移动的摇绳者摇一次绳并向前跨一步，直到完成 5~7 步（跳绳移动 45°）。

3. 跳绳者可以采用并脚跳或左右脚交换跳的方式跳绳，并且各位队员在整个移动过程中尽量保持在一条线上。

4. 开始练习时，先进行无跳绳的 "Z" 字移动路线练习，使摇绳者、跳绳者都明确跳绳要经过的轨迹。

5. 场地中央的平行线为参考线，给摇绳者作为参考，移动至中线附近即可停止，再由另外一名摇绳者移动。

6. 练习完成后，组织练习者讨论总结，谈谈练习时的心理感受。

评价要点

1. 摇绳者与跳绳者是否集中注意力？整个过程能否保持完整的练习状态？

2. 摇绳者控制移动的路线及距离如何？

3. 跳绳者是否乐意地参与练习，并与同伴保持在一条直线上？

4. 练习者是否能够克服多次失败带来的心理障碍，能否共同探讨解决方案并辅助实施？

六十五 十八人同步跳长绳

难度指数
★★★★☆

练习目的

1. 提高同步跳长绳练习的趣味性和发展身体素质。
2. 发展练习者连续跳跃的能力。
3. 培养练习者团队之间相互配合的意识和能力。
4. 培养练习者不怕困难和勇于挑战的良好品质。

参与人数

男女不限，练习者每18人一组。

场地器材

不小于4米×8米的平整空地；每组1根6~8米的长绳。

组织方法

1. 在平整空地上，挑选两位上肢、腰腹力量及协调性较好，体能较佳的练习者作为摇绳者，其余练习者作为跳绳者。
2. 开始时，摇绳者双脚前后开立，双手持绳并把绳置于练习场地的中央，跳绳者分为8人一队，两队并排站于长绳中部。
3. 练习时摇绳者与跳绳者按照统一节奏练习，当跳绳绕过一周（绕过所有跳绳者的头和脚）时，才能计为成功一次，依此重复进行。

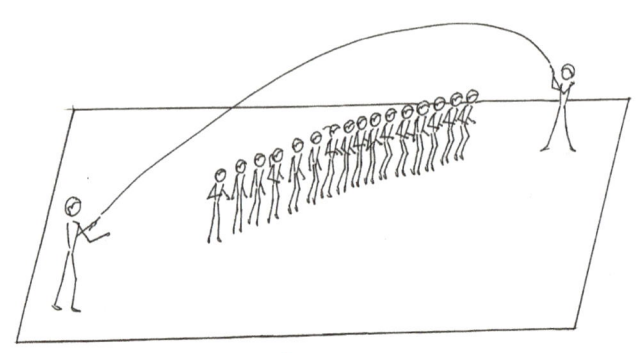

十八人同步跳长绳练习图示

教学建议

1. 尽量选择身高较高且上肢、腰腹力量及体能较好的练习者摇绳。

2. 练习的初期采用模拟跳绳的方法练习，即跳绳者按照跳长绳的要求站队并站于长绳中后方，练习时长绳进行空摇，跳绳者也进行空跳，但两者的节奏必须一致。当能够配合完成一定次数时，才尝试合并练习。

3. 把队伍分成两个组，每组8人，每组能够持续完成一定次数时，把两组合在一起练习。

4. 跳绳者站位时，中间站身高最高者，以中间为基准按身高依次递降向两边排列，跳绳时摇绳的方向以后摇方式进行。

5. 采用配音乐、喊口号、打拍子等方法进行辅助练习。选择一位声音洪亮的练习者喊口号，比如："预备，跳"。拍子可采用喊4停4的节奏进行（例如：喊一次"1，2，3，4"的拍子，接着"5，6，7，8"的拍子不喊），如此重复。

6. 所有队员统一用并脚跳的方式跳绳，在跳的过程中控制自己的站位不要移动，有意识地调整自己跳的节奏与摇绳的节奏一致。

7. 摇绳者要保持摇绳的节奏稳定，并运用上下肢和腰腹的力量带动手腕摇绳，摇绳时一手自然下垂，另一只手用力摇动跳绳。

8. 跳绳者跳绳时，控制好自己的节奏和位置，不能左右前后移动，落地时膝关节微屈，前脚掌着地，踝关节用力。

9. 练习完成后，组织摇绳者与跳绳者互相提建议，并讨论改进的方法。

10. 加强练习者的体能练习。

评价要点

1. 在布置站位及起跳时，练习者是否听从组织者的指挥并行动迅速？

2. 在练习过程中，参与者是否为团队尽可能增加成功的次数而竭尽所能？

3. 当同伴出现失误时，能否及时鼓励并指出存在的问题和给予方法指导？

六十六 天罗地网

难度指数
★★★☆☆

练习目的

1. 提高练习者的花样跳绳技能，发展体能。
2. 培养练习者的自主性及勇于承担责任的品质，并在练习中能主动评估自己的能力，自觉担任活动角色。
3. 培养练习者同伴之间相互配合和信任的意识。

参与人数

男女不限，练习者以12～80人一组为宜。

场地器材

不小于8米×8米的平整空地；每组6～50根6～10米的细长绳。

组织方法

1. 推选或自荐1～2人作为组织者，协助教师组织及担任跳绳过程中的指挥角色。
2. 在练习场地上确定一个中心点，再以绳长的长度减2米为基准画一个圆。
3. 整理好细长绳并在练习场地旁一字排开。
4. 把练习者分成人数相等的两个组，分别编号为1、2、3、4、5和A、B、C、D、E（以12人参加活动为例），两组队员分别以编号的首尾一一对应（如1号与E号对应），摇同一条绳时各持绳的一端（同时摇两条绳时，左右手分别持两绳的一端）。站位时，以圆心为基准呈对角线站位，形成一个以圆心为交叉点的大绳网。
5. 跳绳时，组织者指挥众摇绳者以同样的节奏和方向摇绳，当摇绳的节奏稳定后，跳绳者便可尝试跑入跳绳。

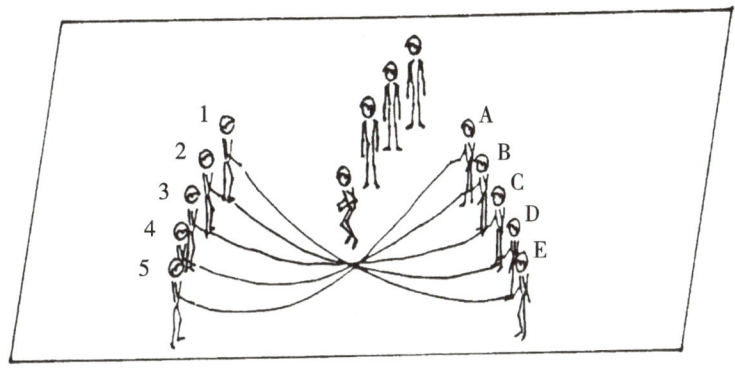

天罗地网练习图示

教学建议

1. 教师把练习场地布置好后,帮助练习者推荐或自荐组织者。

2. 练习时跳绳较多,且绳的长度较长,组合在一起时质量较大,摇绳时会比较困难,采用长度一致的细绳练习为宜。

3. 提示组织者与同伴协商,确定练习各环节的统一指示信号。

4. 在练习时跳绳者完成一定次数后,可以与摇绳者交换角色。

5. 练习之初,当跳绳摆成绳网后,可用细小绑带把绳网中间的交叉点绑起来形成一个整体。

6. 当成功或失误后,组织练习者谈谈自己在活动中的作用、心理体验及给同伴的建议。

7. 加强练习者的体能练习。

评价要点

1. 是否有练习者勇敢地站出来担任组织者的角色并能说明理由?

2. 在布置绳网中,练习者是否听从组织者的指挥并行动迅速?

3. 在练习过程中,练习者是否努力按照组织者的要求去调整自己的心态和技术,为尽可能增加成功的次数而努力?

4. 练习者是否具有完成整个练习的体能和技能?

六十七 多人并排 "8" 字跳

难度指数
★★★★☆☆

练习目的

1. 提高练习者的花样跳绳技能。
2. 发展练习者的灵敏度、协调性、平衡能力、力量、速度、耐力等身体素质。
3. 培养练习者的团队意识和奋发向上的品格。

参与人数

男女不限，练习者 18~32 人一组为宜。

场地器材

平整空地；每组 1 根 4.2 米或 5 米的长绳。

组织方法

1. 在平整空地上，推选两名练习者为摇绳者 A、B，其余练习者为跳绳者。
2. 开始时，跳绳者 3 人一组左右并排组成一个整体，且每组跳绳者排成一纵队站于摇绳者 A 的左侧或右侧。
3. 当听到开始信号后，第一组跳绳者从摇绳者 A 的左侧或右侧跑入绳中跳一次并快速从摇绳者 B 的右侧或左侧出绳，出绳后绕至摇绳者 B 的左侧或右侧等候，其余人员按照第一名队员的路径依次进行。

多人并排"8"字跳练习图示

教学建议

1. 选择场地稍宽、地面平整粗糙的地方进行练习。

2. 按照跑入、跳起和跑出动作——模拟"8"路径动作——完整动作的顺序练习。

3. 开始时，先进行跳空绳练习。即两摇绳者分别持绳的一端，同时把跳绳拉起使绳的圆弧最低点离地约20厘米，其余队员按照"1——2——3——"的节奏进行不摇绳跑跳练习。

4. 开始时可以进行三跳一出或二跳一出的练习，熟练后再进行一跳一出的练习。

5. 练习的节奏由慢到快，摇绳者要主动根据跳绳者的节奏、体能情况调整摇绳力度。

6. 在完整动作的练习时，跳绳者统一喊口号"1——2——，1——2——"，"1——"时入绳，"2——"时为出绳。

评价要点

1. 摇绳者是否认真配合跳绳者？在摇绳的同时是否时刻关注、提醒跳绳者？

2. 跳绳者是否精力集中？起跳是否果断、迅速？

3. 摇绳者是否有意识地根据跳绳者的节奏、速度调整摇绳的力度？

4. 每个小组的跳绳者是否能够做到动作协调一致？

六十八 交互绳并排 "8" 字跳

难度指数
★★★★☆

练习目的

1. 提高练习者的花样跳绳技能。
2. 发展练习者的灵敏度、协调性、平衡能力、力量、速度等身体素质。
3. 培养练习者的团队协作、统一行动的意识,克服心理障碍与增强自信心。

参与人数

男女不限,练习者10~16人一组为宜。

场地器材

平整空地;每组8根3.6米或4.2米的长绳。

组织方法

1. 在平整空地上,练习者10~16人为一组(以10人为一组为例),其中8人摇交互绳,其余2人为跳绳者。

2. 四组跳绳经摇绳者双手各持绳的一端排成两列横队站立(A、B组并排,C、D组并排),其余2位跳绳者分别站于A组和B组交互绳外等候。

3. 开始时,四组交互绳在原地摇绳,并且四组摇绳的方向和节奏必须一致,2位跳绳者同时进入(A/B组)交互绳,入绳后迅速调整自己的起跳节奏,连续完成3~5次跳跃后出绳,跳绳者快速跑至四组交互绳内侧形成的"邻近区",再根据摇绳的节奏分别进入(D/C组)交互绳中跳绳,完成3~5次跳跃后出绳,分别跑到B/A组的等待区。

4. 依次重复进行。

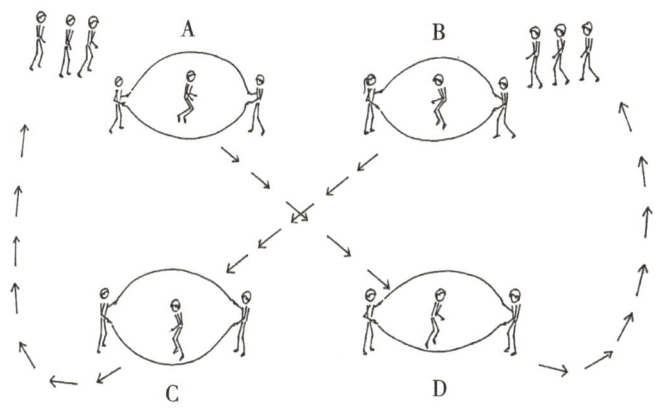

交互绳并排 "8" 字跳图示

教学建议

1. 8根绳的长度要一致，摇绳速度稍慢一些，各组摇绳者动作要协调一致。
2. 在摇绳节奏不稳定或技术不熟练时，可采用两人合作分别摇绳的练习方法，重点注意四组跳绳中间相邻两绳形成的交互区要足够大。
3. 摇绳时，上臂尽量保持不动，靠近身体，用前臂带动手腕发力，身体微屈，双脚左右开立与肩同宽。
4. 重点加强一步出绳的练习，出绳时只看近绳，从一组交互绳的中间位置跑向"邻近区"时动作不宜过大，而且跑入后马上做好入绳准备。
5. 练习者进出绳时可采用口令指挥，如"1，2，3，4，5…"，进出绳方向固定，出绳时序号为单数的队员从异侧出，序号为双数的队员从同侧出绳。
6. 根据发展体能的需要，每组练习由10次、15次、20次……逐步增加。
7. 练习完成一定次数后，跳绳者与摇绳者交换角色。

评价要点

1. 摇绳者是否集中注意力，能够控制自己摇绳的节奏？
2. 当同伴出现失误时是否给予同伴鼓励？
3. 跳绳者与摇绳者的体能表现如何？
4. 在探讨练习方法时，是否能够主动提出自己的看法？
5. 当多次出现失误时，是否能够冷静思考，主动寻找失误的原因？
6. 跳绳者进出绳时是否做到勇敢、果断？
7. 四组摇绳者是否能够主动关注四组绳的"邻近区"？

第三章

运用短绳与长绳结合开展团队活动的组织方法

六十九 绳中绳同步跳

难度指数
★★☆☆☆

练习目的

1. 提高练习者的花样跳绳技能，发展其协调性、平衡能力、速度、节奏等身体素质。
2. 培养练习者主动配合、关注同伴的意识。
3. 培养练习者不怕困难、勇于挑战自我的品质。

参与人数

男女不限，练习者 4～6 人一组为宜。

场地器材

平整空地；每组 1 根长绳、2 根短绳。

组织方法

1. 在平整空地上，任意 4 人为一组，其中 2 人摇长绳，其余 2 人持短绳。
2. 开始时，跳短绳的 2 人持绳站立于长绳中后方，与长绳同时做好起跳的准备，当听到指挥员发出"预备——开始"的指令时，两位摇长绳者先摇绳，当节奏稳定后，摇长绳者分别从左/右侧向内转体 90°使自己进入长绳中，跳绳经自己脚下继续摇动，变为两人既是摇绳者又是跳绳者，并继续用各自的外侧手摇绳；持短绳的两人分别跑跳入长绳中，以单摇跳绳的方式进行跳绳，形成两位摇长绳者与两位摇短绳者在同一长绳内跳绳的状态。

绳中绳同步跳图示

教学建议

1. 开始时，选择摇绳技术和上肢力量较好的两人摇长绳，短绳长度稍调短些，练习者在跳的过程中尽量不要前后移动。

2. 两位摇长绳者在转体90°时，可以单人依次完成，也可以两人同时完成。

3. 两位跳短绳的队员要集中精力观察长绳的节奏，当长绳落地时迅速跑入并起跳；跑入长绳时可以双手持绳跑入，也可以摇动绳子跑入；入绳后接上长绳的节奏。

4. 在学习了长绳带双人跳技术的基础上再学习本内容。

5. 加强练习者上肢力量及腰腹力量的练习。

6. 每次练习任务完成后，组织摇绳者与跳绳者互相给对方提建议，并讨论改进的方法。

评价要点

1. 摇绳者转体时机的把握如何？转体后是否能够控制自己摇绳的节奏？

2. 当同伴出现失误时，是否能够及时给予同伴鼓励？

3. 跳短绳者与摇长绳者的体能表现如何？

4. 在探讨练习方法时，是否能够主动提出自己的看法？

5. 当多次出现失误时，是否能够冷静思考，主动寻找失误的原因？

6. 跳短绳者进出绳时是否做到勇敢、果断？

七十 长绳连锁绳中绳跳

难度指数
★★☆☆☆

练习目的

1. 提高练习者的花样跳绳技能。
2. 发展练习者的灵敏度、协调性、平衡能力、速度等身体素质。
3. 培养练习者的团队协作精神，帮助练习者克服心理障碍与增强自信心。
4. 培养练习者不怕失败、克服困难的精神品质。

参与人数

男女不限，练习者每6人一组为宜。

场地器材

平整空地，每组2根4.2米的长绳、2根短绳。

组织方法

1. 在平整空地上，练习者6人为一组，其中4人为摇长绳者，其余2人为跳短绳者。

2. 两组长绳展开摇绳者并列站立，各持长绳的一端，分别为A、B、C、D四点，然后使B点和C点交叉连锁，摇跳短绳者各持一绳分别站在两长绳的后方。

3. 开始时，两条长绳同时向前方摇动，B点和C点持长绳者摇绳的同时也进行跳绳，当连锁绳摇绳节奏稳定后，在后方的短绳持绳者采用跑跳绳的方式入绳，并和长绳的节奏一致连续跳绳。

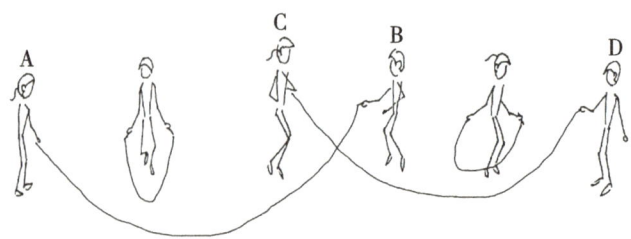

长绳连锁绳中绳跳图示

教学建议

1. 两根长绳的长度一致，摇绳速度稍慢一些，可采用"1——2——，1——2——"的节奏摇绳，四位摇绳者动作要协调一致。

2. 摇长绳时，上臂伸直，以肩关节为轴转动上肢，A、D两点摇绳者双脚左右开立与肩同宽，身体微屈，B、C两点摇绳者在跳绳时采用并脚跳的方式跳绳。

3. 练习完成一定次数后，跳绳者与摇绳者交换角色。

4. 练习节奏由慢到快，每次练习完成10次以上方为达标。

评价要点

1. B、C两点的摇绳者是否集中注意力，A、D两点的摇绳者是否能够主动调整摇绳的节奏跟上B、C两点摇绳者的节奏？

2. 当同伴出现失误时，是否能够及时给予鼓励？

3. 跳绳者体能表现如何？

4. 当多次出现失误时，是否能够冷静思考，主动寻找失误的原因？

5. 跳短绳者入绳时是否做到勇敢、果断？

6. B、C两点的摇绳者身体协调性、平衡能力如何？

七十一　短绳连锁绳中同步跳

难度指数
★★☆☆☆

练习目的

1. 提高练习者的花样跳绳技能。
2. 发展练习者的灵敏度、协调性、平衡能力、力量等身体素质。
3. 培养练习者的协作意识和能力。

参与人数

男女不限，练习者6～8人一组为宜。

场地器材

平整空地；每组1根4.2米至5米的长绳，2根短珠节绳。

组织方法

1. 在平整空地上，练习者6～8人为一组，其中2人为摇长绳者，其余人员为跳绳者。（以6人小组为例）

2. 摇长绳的2人各持长绳的一端，拉直长绳并脚站立，另外4人一字排开站于长绳中后方，每人分别各持短绳的一端且分别相交连锁（例如跳绳者分别为A、B、C、D，A与C共持同一根绳，B与D共持同一根绳），形成4人手持两根短绳分别与长绳的两端并列站立。

3. 练习时，当指令发出后，摇长绳者先摇绳，当节奏稳定后，4名摇短绳者向长绳中部移动，当进入长绳中部后，摇绳节奏与长绳一致，而且一边摇短绳一边跳长绳，中间的摇短绳者第一位（A）和最后一位（D）只跳长绳不跳短绳，其余的摇短绳者既要跳短绳又要跳长绳，并且需同步进行。

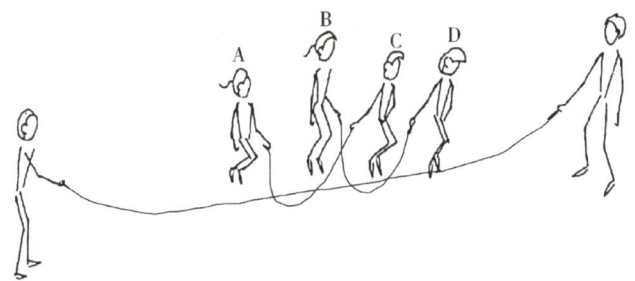

短绳连锁绳中同步跳图示

教学建议

1. 先进行站位练习，每位练习者在站位时观察同伴间的距离，可以选择参照物以便在练习时参照调整自己的位置。

2. 在完成站位练习后进行空跳练习，体验自己对位置的感知及与同伴的配合。

3. 开始时摇绳的弧度和速度要控制好，双脚跳起时要稍高于平时的并脚跳。

4. 每个内容练习的次数根据技能和体能而定，建议在10～20次之间。

5. 达到一定的练习量后，摇短绳者与摇长绳者互换角色。

6. 加强练习者的腰腹力、弹跳力、上肢力量的专门练习。

评价要点

1. 摇长绳者的动作协调性如何？体能是否能满足持续练习的需要？

2. 在整个活动中，练习者是否注意聆听组织者的要求并做出快速反应？

3. 在练习过程中，练习者是否为了增加成功的次数而尽最大的努力？

4. 当同伴出现失误时，表现出来的态度是怎样的？

5. 练习者是否具有足够的耐心和同伴一起探讨练习的方法？

七十二 绳中绳组合跳

难度指数
★★☆☆☆

练习目的

1. 提高练习者的花样跳绳技能。
2. 发展练习者的灵敏度、协调性、平衡能力、速度等身体素质。
3. 培养练习者的团队协作、统一行动的意识,帮助练习者克服心理障碍与增强自信心。

参与人数

男女不限,练习者8~10人一组为宜。

场地器材

平整空地;每组长、中绳各1根,短绳2根。

组织方法

1. 在平整空地上,练习者中4人分别各持长、中绳一端,2人持短绳,按照长、中、短绳的顺序依次平行站立做好准备。
2. 当指令发出后,摇长绳者先摇绳,当节奏稳定后,两名摇中绳的队员向长绳中部移动,当进入长绳中部后,摇绳节奏与长绳一致,而且一边摇中绳一边跳长绳,摇短绳的两名队员按照摇中绳的方法跳入中绳,并一边摇跳短绳一边跳中绳和长绳。

绳中绳组合跳图示

教学建议

1. 开始时，要在熟练了一带一跳的技术后才能进行此练习。

2. 先把三组跳绳分开练习，当三组队员都能够在统一的口令下完成相同节奏的摇绳后再合并在一起练习。

3. 采用"1——2——进，1——2——进"的节奏指挥练习。当口令"1——"时摇动跳绳，口令"2——"时摇绳者跑向长绳，口令"3——"时跑入长绳并与长绳的节奏一起跳。

4. 根据发展体能的需要，每组练习次数由5次、8次、10次……逐步增加。

5. 练习到一定的程度后，跳绳者与摇绳者交换角色。

评价要点

1. 摇绳者是否集中注意力，是否能够保持自己摇绳的节奏与团队的一致？

2. 在整个活动中，练习者是否听从组织者的指挥并做到令行禁止？

3. 当同伴出现失误时，是否及时给予同伴鼓励？

4. 跳绳者与摇绳者的体能表现如何？

5. 在探讨练习方法时，是否能够主动提出自己的看法？

6. 当多次出现失败时，是否能够冷静思考，主动寻找失败的原因？

七十三　四人连锁绳中同步跳

难度指数 ★★☆☆☆

练习目的

1. 提高练习者绳中绳花样跳的技能。
2. 培养练习者的跳绳节奏感。
3. 发展练习者的协调性、灵敏度、平衡能力等身体素质。
4. 培养练习者统一行动的意识和能力。

参与人数

男女不限，练习者6~8人一组为宜。

场地器材

平整空地；每组1根长绳，每人1根短绳。

组织方法

1. 在平整空地上，练习者6~8人为一组，其中2人为摇长绳者，其余人员则为跳短绳者。
2. 挑选两位上肢及腰腹力量较好的练习者先摇绳，摇绳者双脚左右或前后开立，单手或双手持绳并把绳置于练习场地的中央，跳交叉绳的练习者每人持一根珠节绳并成排站立长绳中央，以单人单摇跳的准备姿势站立，左右间隔约20厘米，且相邻两人的绳柄交换，使跳绳形成交叉连锁。
3. 练习时摇绳者与跳绳者按照统一节奏练习，当跳绳绕过一周（绕过所有跳绳者的头和脚）时，才能计为成功一次，依此重复进行。

四人连锁绳中同步跳图示

教学建议

1. 短绳的长度要比个人单摇跳时稍长些，摇绳时力量均匀，先进行两跳一摇的方法跳动（也称为颠跳）。

2. 所有跳绳者要按指挥者的口令统一完成动作，在练习的过程中不能停顿，用两眼的余光判断旁边同伴的节奏，努力使自己的节奏与同伴的一致。

3. 练习时，根据练习者的人数分成4人一组，其中2人摇长绳，另外2人跳交叉绳，熟练后再多组组合在一起练习。

4. 为了培养练习者的创新意识和能力，可以引导练习者进行并排反摇交叉跳短绳、交叉开合跳绳等练习方法的尝试。

5. 每次练习任务完成后，组织摇绳者与跳绳者互相给对方提建议，并讨论改进的方法。

6. 任何人出现失误，全队须停止练习，并迅速整理跳绳和调整站位，恢复到开始姿势再继续练习。

评价要点

1. 练习者在练习过程中是否时刻关注同伴的状况？

2. 在整个活动中，是否听从组织者的指挥并主动调整自己的节奏？

3. 在练习过程中，是否为增加成功的次数而努力？

4. 当同伴出现失误时，表现出来的态度是怎样的？

5. 当掌握基本练习方法后，是否大胆尝试加入开合、踢腿等基本步伐练习？

七十四 "三角绳"趣味跳

难度指数
★★☆☆☆

练习目的

1. 提高长绳与短绳结合创编花样跳绳的技能。
2. 发展练习者的灵敏度、协调性、平衡能力、下肢力量等身体素质。
3. 培养练习者协作探讨问题和解决问题的能力。
4. 培养练习者的团队配合意识和能力。

参与人数

男女不限，练习者6~9人一组为宜。

场地器材

平整空地；每组3根相同长度的4.2~6米的长绳，3根短绳。

组织方法

1. 在平整空地上，练习者6~9人为一组，其中3人为摇长绳者，其余人员则为跳短绳者。
2. 摇长绳的三人以某一点为基准，三者站位的连线呈等腰三角形，双手分别持长绳的一端；另外任意3名练习者双手持短绳，分别站在3条长绳的中后方。
3. 练习时，持长绳的三人同时由外向内摇绳，当摇动的"三角绳"节奏稳定后，三名跳短绳者同时（或依次）跑跳入长绳并一边跳一边数数，直到有一人失误或完成规定的次数。

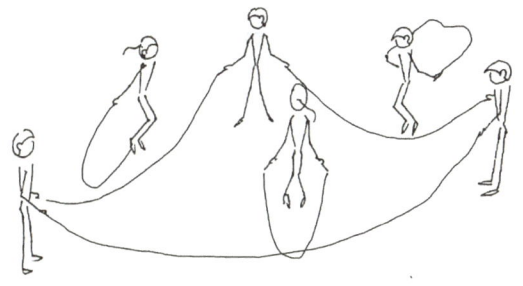

"三角绳"趣味跳图示

教学建议

1. 三位摇长绳者要以中等的速度同步摇绳（适合双脚颠步跳短绳的节奏），摇绳的人要以肩关节为轴，双手抬高绕大圈进行摇绳。

2. 持短绳者进绳时动作要干脆利落，跑跳入绳时跳跃高度稍高些。

3. 入绳后大家一起数成功的次数，出现失误时，跳绳者迅速离开跳绳位置，准备重新入绳，摇绳者则迅速整理跳绳。

4. 所有练习者统一用并脚跳的方法跳绳，在跳的过程中控制自己的节奏，使起跳节奏与摇绳的节奏一致。

5. 练习时，可以把目标从15次、20次、30次……依次提高，当完成一定数量后，持短绳者与持长绳者互换角色。

6. 要加强练习者的体能，特别是下肢力量和心肺功能。

7. 每次练习任务完成后，组织摇绳者与跳绳者互相给对方提建议，并讨论改进的方法。

评价要点

1. 摇绳者摇绳的节奏是否稳定？
2. 摇跳短绳者是否精力集中，入绳是否果断、迅速？
3. 摇长绳者是否有意识地根据跳绳者的节奏、速度调整摇绳的频率？
4. 在同伴失误时，是否能够及时鼓励并给予方法指导？
5. 在整个练习过程中，同伴间是否积极探讨？练习氛围是否和谐？

七十五 交互绳并双短绳跳

难度指数
★★★★☆

练习目的

1. 提高练习者交互绳花样跳的技能。
2. 发展练习者的灵敏度、协调性、平衡能力、速度、下肢力量等身体素质。
3. 培养练习者的团队协作能力，帮助练习者克服心理障碍与增强自信心。
4. 培养练习者不怕失败，勇于克服困难的精神品质。

参与人数

男女不限，练习者4~6人一组为宜。

场地器材

平整空地；每组2根4.2米的长绳、2根短绳。

组织方法

1. 在平整空地上，选择两名摇交互绳技术较好的练习者先摇绳，其余练习者为跳交互绳者。
2. 练习开始时，先摇动交互绳，当节奏稳定后，跳交互绳者双手持绳，进入交互绳中，并同时跳短绳和交互绳。

交互绳并双短绳跳图示

教学建议

1. 两根长绳的长度要一致，开始时摇绳速度稍慢一些，可采用"1——2——，1——2——"的节奏摇绳。

2. 摇绳时，上臂靠近身体两侧，前臂抬起，用前臂带动手腕转动摇绳，双脚左右开立与肩同宽，双膝微屈，上体挺直，双眼注视着跳绳转动的姿态，用心感觉摇绳及跳绳的节奏。

3. 练习一定程度后，跳绳者与摇绳者交换角色。

4. 练习节奏由慢到快，每次练习完成10次以上方为达标。

5. 在练习前，先进行交互绳摇绳的基本功练习，再进行交互绳跳的练习，最后学习交互绳并双短绳技术。

6. 先进入交互绳的练习者，调整自己的位置稍靠近一端的摇绳者，以留出足够的空间给第二位入绳的练习者。

7. 每次练习任务完成后，组织摇绳者与跳绳者互相给对方提建议，并讨论改进的方法。

评价要点

1. 跳绳者是否集中注意力，入绳时能否一步到位？
2. 当同伴出现失误时，是否能够及时给予鼓励？
3. 跳绳者与摇绳者的体能表现如何？
4. 在探讨练习方法时，是否能够主动提出自己的看法？
5. 当多次出现失误时，是否能够冷静思考，主动寻找失误的原因？

七十六 "四角绳"趣味跳

难度指数
★★★★☆☆

练习目的

1. 提高多绳创编花样跳绳的技能，发展练习者的身体素质。
2. 培养练习者的自主性及勇于承担责任的品质，并在练习中能主动评估自己的能力，自觉担任活动角色。
3. 培养练习者协作探讨问题和解决问题的能力。
4. 培养练习者的团队配合意识和能力。

参与人数

男女不限，练习者8～12人一组为宜。

场地器材

平整空地；每组4根相同长度4.2～6米的长绳、4根短绳。

组织方法

1. 在平整空地上，练习者8～12人为一组，其中4人为摇长绳者，其余人员则为跳短绳者。
2. 组织摇长绳的4人以某一点为基准，4个人的站位的连线呈四边形，双手分别持长绳的一端。练习时，持绳的4人同时由外向内摇绳，摇跳短绳者分别站在4条长绳中后方，当摇动的"四角绳"节奏稳定后，同时跑跳入绳并一边跳一边数数，直到有人失误或完成规定的跳跃次数。

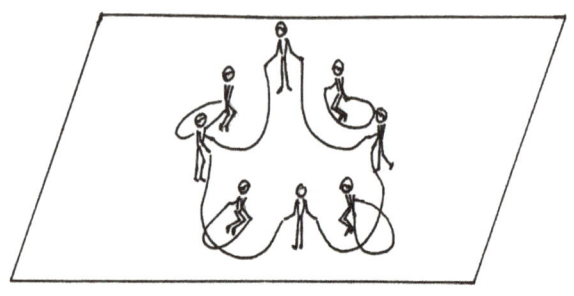

"四角绳"趣味跳练习图示

教学建议

1. 组织所有练习者学习摇长绳及摇跳短绳所需要具备的基础知识，并由他们自己选择担任摇长绳或短绳的角色。
2. 练习开始前，组织练习者学习练习的目的、意义，明确摇长绳与摇跳短绳的要求是什么，明确自己担任角色的责任。
3. 四位摇长绳者要同步摇绳，节奏稳定，摇绳的人要以肩关节为轴，双手抬高绕大圈进行摇绳。
4. 摇跳短绳者进绳时动作要干脆利落，跑跳入绳时跳跃高度稍高些，整个过程保持节奏稳定，动作连贯。
5. 开始练习之前，先进行基本的摇绳练习。
6. 入绳时选择一位声音洪亮者喊口号，例如"预备，跳"。出现失误时，跳绳者迅速离开跳绳位置并站在摇绳者旁边准备重新开始，摇绳者则迅速整理好跳绳。
7. 练习任务完成后，组织摇绳者与跳绳者互相给对方提建议，并讨论改进的方法。

评价要点

1. 练习者在选择角色时，是否能够对自己的技术水平分析之后再做出决定？
2. 摇绳者摇绳的节奏是否稳定？
3. 跳绳者是否精力集中，入绳是否果断、迅速？
4. 在同伴失误时，是否能够及时鼓励并给予方法指导？
5. 在整个练习过程中，同伴间是否积极探讨？练习氛围是否和谐？

七十七 "十"字长绳混合跳

难度指数
★★★★☆☆

练习目的

1. 提高练习者练习花样跳绳的兴趣及创编花样跳绳的能力。
2. 发展练习者的灵敏度、协调性、平衡能力、弹跳、下肢力量等身体素质。
3. 培养练习者互相协调、协作的意识。
4. 培养练习者勇敢、果断的品质。

参与人数

男女不限,练习者8~12人一组为宜。

场地器材

平整空地;每组2根不小于4.2米的长绳,短绳若干。

组织方法

1. 在平整空地上,练习者8~12人为一组,其中4人为摇长绳者,其余人员则为持短绳者。

2. 取两条长绳的中点相互交叉且垂直呈"十"字形摆放,两绳相交形成的线段分别为AO、BO、CO、DO,中点为O点(如图所示)。

3. 其中4位摇长绳的队员分别手持长绳的一端站立,双脚前后或左右开立均可,其余队员双手持短绳分别站立于摇绳者的一侧。练习时,4名摇绳者在组织者的统一指挥下同时按顺时针方向摇绳,当摇绳节奏稳定后其余队员可以依次跑入AO、BO、CO、DO线段中或O点跳绳。

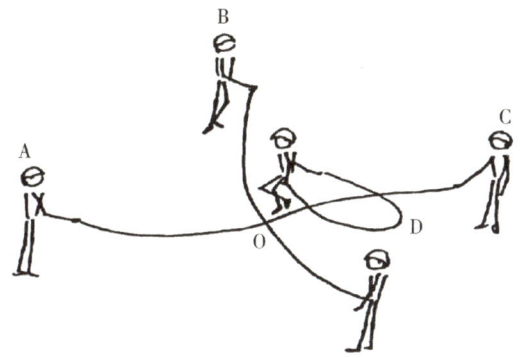

"十"字长绳混合跳练习图示

教学建议

1. 开始练习时，推选出一名组织者负责协调摇绳、调整节奏、发号施令等工作。

2. 开始练习时，先由摇同步长绳节奏好的队员摇绳，摇时结合口令进行，并有意识地把口令与节奏相结合。

3. 先复习"十"字绳摇绳技术，练习时20次为一组，交换练习若干组。也可以每次摇绳完成15～20次后换两人（摇同一绳或相邻的两人），连续练习3～5组。

4. 跳绳者持的绳不宜过长，以免影响其他绳的正常摇动。

5. 练习完成后，组织练习者总结得失。

评价要点

1. 练习者是否集中注意力的及方法是否合理？
2. 跳绳者是否乐意参与练习，并能否为团队完成练习而提出自己的建议？
3. 跳绳者入绳时的站位是否合理？
4. 当同伴出现失误时，表现出来的态度是怎样的？
5. 练习者是否具有完成整个练习的体能和坚强的意志力？

七十八 蝴蝶绳中绳

难度指数
★★☆☆☆

练习目的

1. 提高跳绳练习的趣味性，发展练习者的弹跳能力，增强身体素质。
2. 培养练习者团队之间相互配合的意识和能力。
3. 培养练习者不怕苦、不怕累的良好品质。

参与人数

男女不限，练习者每5人一组。

场地器材

平整空地；每组1根长度约6米的长绳、2根短绳。

组织方法

1. 在平整空地上，把练习者分为摇长绳组和摇短绳组两个组，摇长绳组2人，摇短绳组3人。
2. 开始时，两名摇长绳者先摇长绳，3名摇短绳者持绳（中间一名双手分别持两条短绳的一端，另两名各持短绳的另一端）排成一列横队，站在长绳的中部。
3. 当听到开始的信号后，长绳、短绳一起摇绳（持短绳者一边摇短绳一边跳长绳），直到完成练习的任务或失误为止。

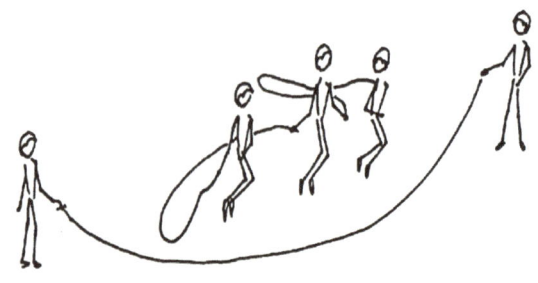

蝴蝶绳中绳练习图示

教学建议

1. 选择摇短绳者时，要考虑其协调性、跳绳技术是否满足要求。
2. 摇绳者在整个练习过程中要控制好跳绳的节奏，长绳跟随短绳的节奏。
3. 练习时要统一口令，长绳和短绳同时起动。
4. 摇短绳者起跳高度略高一些。
5. 当动作熟练、配合默契后，可以增加摇短绳的人数，练习方法可参考长绳同步跳。

评价要点

1. 摇长绳者的节奏能否跟随短绳的节奏？
2. 3名跳绳者动作是否协调一致？连续起跳时是否可以同步进行？
3. 跳短绳者跳动时能否控制自己的位置保持稳定？
4. 练习者在整个过程中是否乐于练习？
5. 在同伴失误时，是否能够及时鼓励并给予方法指导？

七十九　绳中绳套人接力跳

难度指数
★★★★☆

练习目的

1. 提高练习者花样跳绳的技能，发展练习者的体能。
2. 培养练习者之间相互协调配合的意识和能力。
3. 培养练习者不怕困难、积极探索的品质。

参与人数

男女不限，练习者6～8人一组为宜。

场地器材

不小于6米×6米的平整空地；每组1根约5～8米的长绳、1根短绳。

组织方法

1. 在平整空地上，练习者6～8人为一组，其中2人为摇长绳者，1人为摇短绳者，其余人员则为跳绳者（以2人或3人一组为宜）。

2. 练习时，持短绳者和跳绳者并排站立在长绳中后方，当长绳摇起时，跳绳者先进入长绳中，并按照长绳的节奏调整左右间隔约50厘米左右，等跳绳者调整好节奏后，摇短绳者带绳跑跳进入长绳中并先空跳一次，然后向左侧移动与第一位跳绳者套跳一次，再继续向左移动与第二位跳绳者套跳一次，直到与长绳中所有的跳绳者都完成套人的练习。

绳中绳套人接力跳图示

教学建议

1. 摇长绳者摇绳速度不宜太快，摇短绳的节奏要和长绳保持一致。
2. 短绳的长度稍长些，开始时先进行颠步跳套人或两弹一跳进行套人跳，当配合默契以后再改为一弹一跳。
3. 先进行不摇绳的空跑练习，以便大家熟悉练习的路径。
4. 摇绳者要慢速摇绳，及时判断跳绳者的速度进行调整。
5. 跳绳者认真关注摇短绳的节奏，根据节奏调整位置。

评价要点

1. 摇长绳者是否认真负责？是否在摇动自己的跳绳的同时提醒摇短绳者摇绳的节奏？
2. 跳绳者精力是否集中，起跳是否果断？是否有意识地用自己的技术及体能控制节奏？
3. 摇绳者是否有意识地根据跳绳者的节奏、速度调整摇绳的力度？
4. 在同伴失误时，是否能够及时鼓励并给予方法指导？
5. 摇跳短绳者的体能如何？

八十 绳中绳一带一组合跳

难度指数
★★★★☆☆

练习目的

1. 提高练习者长绳与短绳组合变化创编花样跳绳的技能，发展练习者的协调性、平衡能力、速度、下肢力量、动作节奏等身体素质。
2. 培养练习者主动配合，关注同伴的意识。
3. 培养练习者不怕困难，勇于挑战的品质。

参与人数

男女不限，练习者6～8人一组为宜。

场地器材

平整空地；每组1根约6米的长绳、2根短绳。

组织方法

1. 在平整空地上，把长绳展开，把练习者分为每2人一组，其中一组为摇长绳组，一组为摇跳短绳组，其余为跳绳组。
2. 开始时，跳短绳的2人持绳站立于长绳中后方，跳绳者站在长绳的另一侧，且与跳短绳者面对面站立。当听到指挥员发出"预备——开始"的指令时，摇长绳者摇，当节奏稳定后持短绳的两人分别以单摇跳绳的方式跑跳入绳，形成两位摇短绳者在同一长绳内跳绳的状态。当短绳与长绳同步完成3～5次后，跳绳者选择最佳角度跑跳入长绳中的短绳，并接着他们的节奏继续跳绳。

绳中绳一带一组合跳图示

教学建议

1. 开始时,选择摇绳技术且上肢力量强的两人摇长绳,协调性、平衡能力、耐力、下肢力量综合较强的两人摇短绳,起动速度较快、个子小巧的较适合跳绳。

2. 短绳长度稍长些,跳绳者在跳的过程中尽量不要前后、左右移动。

3. 两位摇跳短绳的队员要集中精力观察长绳的节奏状态,当长绳落地时迅速跑入长绳中,跑入长绳时可以双手持绳跑入,也可以助跑跳入绳中,入绳后接上长绳的节奏。

4. 跳绳者上绳前先观察整体的状态,然后调整好助跑距离,助跑入绳时只观察长绳的轨迹即可,当长绳落地时立即入绳。入绳时可以选择一步进入长、短绳中间,也可以先跑入长绳再进入短绳中间跳绳。

5. 在学习了长绳带双短绳技术后再学习此练习。

6. 加强练习者上肢力量及腰腹力量的练习。

7. 每次练习任务完成后,组织摇绳者与跳绳者互相给对方提建议,并讨论改进的方法。

评价要点

1. 摇长绳者、摇短绳者和跳绳者三者之间形成一个整体的能力如何?
2. 摇跳短绳者的体能表现如何?
3. 在探讨练习方法时,是否能够主动提出观点并提出解决方案?
4. 当多次出现失误时,是否能够冷静思考,主动寻找失误的原因?
5. 跳短绳者进出绳时是否做到勇敢、果断?

八十一 绳中蝴蝶一带一跳

难度指数
★★★★☆☆

练习目的

1. 提高跳绳练习的趣味性，发展弹跳能力，增强身体素质。
2. 培养练习者团队之间相互配合的意识和能力。
3. 培养练习者勇于挑战困难的品质，增强其自信心。

参与人数

男女不限，练习者5~8人一组为宜。

场地器材

平整空地；每组1根长度为7米左右的长绳、2根短绳。

组织方法

1. 在平整空地上，把练习者分为摇长绳组、摇短绳组、跳绳组三个组，摇长绳组2人，摇短绳组3人，跳绳组2人。

2. 开始时，两名摇长绳者先摇长绳，3名摇短绳者持绳（中间一人双手分别持两条短绳的一端，另两名各持短绳的一端）在长绳的中后方等候，跳绳者在长绳的另一侧面对摇短绳者等候。

3. 当听到开始的信号后，长绳原地摇动，短绳顺着长绳摇动的方向跑跳入绳，当节奏稳定后，跳绳者跑跳入短绳并按照长绳、短绳的节奏一起跳绳，直到完成练习的任务或失误为止。

绳中蝴蝶一带一跳图示

教学建议

1. 选择摇短绳者时，要考虑其协调性、跳绳技术是否满足要求。
2. 摇绳者在整个练习过程中要控制好跳绳的节奏，长绳跟随短绳的节奏。
3. 练习时要统一口令，摇跳短绳者在跑动入绳时要统一节奏。
4. 摇短绳者采用颠步跳的方式跳绳，起跳高度略高。
5. 跳绳者入绳时要抓住时机，跑入时动作要干脆利落。可两人同时入绳，也可以先一名练习者入绳，当节奏稳定后另一名练习者再入绳。
6. 跳绳者当长绳与短绳组合稳定后，可以增加开合跳、前踢腿跳、提膝点地跳等基本步伐练习。

评价要点

1. 长绳的节奏能否跟随短绳的节奏？
2. 3名摇短绳者动作是否协调一致？连续起跳时是否可以同步进行？
3. 摇短绳者和跳绳者跳动时能否控制自己的位置保持稳定状态？
4. 跳绳者入绳时把握时机的能力如何？
5. 在同伴失误时，是否能够及时鼓励并给予方法指导？

八十二 长绳 + 车轮跳

难度指数
★★★★☆

练习目的

1. 提高练习者的花样跳绳技能，发展练习者的协调性、平衡能力、速度、节奏等身体素质。
2. 培养练习者主动配合，关注同伴的意识。
3. 培养练习者不怕困难，勇于挑战自我的品质。

参与人数

男女不限，练习者 6～8 人一组为宜。

场地器材

平整空地；每组 1 根 4.2～5 米的长绳，每人 1 根短绳。

组织方法

1. 在平整空地上，练习者 6～8 人为一组，其中 2 人为摇长绳者，其余人员则为跳绳者（任意两人为一组进行车轮跳搭配）。
2. 开始时，跳车轮跳的两人持绳站立于长绳中部，做好起跳的准备，当听到指挥员发出"预备——开始"的指令时，跳车轮跳的队员与摇长绳者同步摇绳，由于车轮跳是每摇一次绳，完成一位队员的跳跃。因此，摇长绳是与车轮跳先摇的那根绳同时开始，然后按正常速度及节奏进行车轮跳，长绳一直跟随车轮跳的节奏摇绳即可。

长绳 + 车轮跳练习图示

教学建议

1. 开始时，选择摇绳技术较好的两人摇长绳，车轮跳的绳子调短些，跳绳者在跳的过程中尽量不要前后移动。
2. 两位摇长绳者控制长绳与车轮绳的其中一条绳的节奏及速度保持同步。
3. 先进行长绳带车轮跳的队员进行节奏练习（无短绳练习）。
4. 适当加大长绳的摇动幅度，并配合车轮绳的速度及节奏进行摇绳。
5. 每次练习任务完成后，组织摇绳者与跳绳者互相给对方提建议，并讨论改进的方法。

评价要点

1. 起动时，长绳的节奏与速度是否与车轮绳先摇动的那根绳同步？
2. 摇长绳者是否能够主动调整长绳的速度和节奏，配合车轮跳顺利完成动作？
3. 练习时，所有练习者是否注意力高度集中？
4. 在整个活动中，练习者是否听从组织者的指挥并行动迅速？
5. 在练习过程中，练习者是否努力按照组织者的要求去调整自己的心态和技术，为尽可能增加成功的次数而努力？
6. 当同伴出现失误时，表现出来的态度是怎样的？

八十三 绳中绳一带一双摇跳

难度指数
★★★★☆

练习目的

1. 提高练习者利用长绳与短绳组合变化创编花样跳绳的技能。
2. 发展练习者的协调性、平衡能力、速度、下肢力量、动作节奏等身体素质。
3. 培养练习者主动配合、关注同伴的意识。
4. 培养练习者不怕困难、勇于挑战的品质。

参与人数

男女不限，练习者5~7人一组为宜。

场地器材

平整空地；每组1根3.6米或4.2米的长绳、1根短绳。

组织方法

1. 在平整空地上，练习者5~7人为一组，其中2人为摇长绳者，1人为摇短绳者，其余人员则为跳绳者。
2. 摇长绳者在场地的合适位置展开长绳，摇短绳者双手持绳站在长绳的中后方，跳绳者站在摇短绳者的正对面。
3. 开始时，摇长绳者持续摇绳，当节奏稳定后持短绳者以单摇跳绳的方式跑跳入绳，形成长绳带短绳跳的状态，当短绳与长绳同步完成2~3次后，跳绳者选择最佳角度跑跳入长绳中的短绳内，并接着他们的节奏继续跳绳2~3次后，长绳中的短绳带跳绳者跳双摇跳，双摇跳时长绳节奏稍加快，与进行双摇跳的跳绳者起跳频率一致。

绳中绳一带一双摇跳图示

教学建议

1. 开始时，选择摇绳技术且上肢力量强的两人摇长绳，协调性、平衡能力、耐力、下肢力量综合较强的摇短绳，起动速度较快、个子小巧且双摇跳技能较好为跳绳者。

2. 短绳长度不宜过长，跳绳者在跳的过程中尽量不要前后或左右移动。

3. 初期练习可以先进行长绳带两名练习者（无短绳）进行双摇跳练习。

4. 摇跳短绳者要集中精力观察长绳的节奏状态，当长绳落地时马上跑入并起跳；跑入长绳时可以双手持绳跑入，也可以助跑进绳中；入绳后接上长绳的节奏。

5. 跳绳者入绳前先观察一下整体的状态，然后调整好助跑距离，助跑入绳时只观察长绳的轨迹即可，当长绳落地时立即入绳。入绳时可以选择一次跑入长、短绳中间，也可以先跑入长绳再进入短绳中间。

6. 在由单摇转双摇跳时，一定要确定一个大家都明确的信号。

7. 加强练习者上肢力量及腰腹力量的练习。

评价要点

1. 摇长绳者、摇短绳者、跳绳者三者之间形成一个整体的能力如何？
2. 摇跳短绳者的体能如何？
3. 摇跳短绳者与跳绳者在单摇转为双摇时的技术转换、节奏转换是否及时？
4. 出现失误时，是否能够冷静思考，主动寻找失误的原因？
5. 摇跳短绳者、跳绳者进出绳时是否做到勇敢、果断？

八十四 交互绳+双摇跳

难度指数
★★★★☆

练习目的

1. 提高练习者运用交互绳与短绳结合的技能。
2. 发展练习者的灵敏度、协调性、平衡能力、力量等身体素质。
3. 培养练习者的团队协作意识,帮助他们克服心理障碍和增强自信心。

参与人数

男女不限,练习者3~4人一组为宜。

场地器材

平整空地;每组2根3.6米或4.2米的长绳、1根短绳。

组织方法

1. 在平整空地上,练习者3~4人为一组,其中两人为摇绳者,其余人员则为跳绳者。
2. 练习开始时,摇绳者分别握长绳的两端,两摇绳者相距以跳绳中部约50厘米触地为宜,跳绳者双手持短绳从摇长绳者的任意一侧入绳,入绳后迅速调整自己的起跳节奏,并用双摇跳的方式在交互绳中跳短绳,连续完成10次后出绳,出绳后与近位同伴交换摇绳。

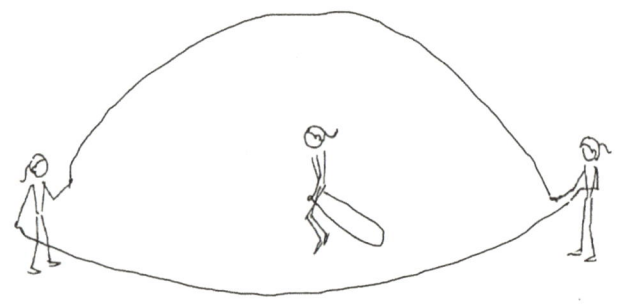

交互绳+双摇跳练习图示

教学建议

1. 两根长绳的长度要一致，摇绳速度稍慢一些，两摇绳者动作要协调一致。

2. 摇长绳时，上臂尽量保持不动，靠近身体，用前臂带动手腕发力，身体直立，双脚左右开立与肩同宽，膝关节微屈。

3. 摇跳短绳者要集中精力观察交互绳的状态，当靠近身体的绳落地时迅速跑入并起跳，跑入交互绳时可以双手持绳跑入，也可以助跑进入交互绳中，入绳后接上交互绳的节奏跳单摇跳。

4. 在由单摇转双摇跳时，摇交互绳者与跳短绳者一定要确定一个口令作为信号，转换时以信号指挥。

5. 加强练习者上肢力量及腰腹力量的练习。

6. 重点加强进出绳的练习，进出绳时只看近绳，进绳时近绳打地即跑入并连续起跳调整节奏。出绳时，近绳在最上方即跳出交互绳。

7. 根据发展体能的需要，每组练习由10次、20次、30次……逐步增加。

8. 练习到一定程度后，跳绳者与摇绳者交换角色。

评价要点

1. 摇交互绳的队员是否集中注意力，摇绳的节奏是否稳定？摇出绳的弧度是否圆润？

2. 摇长绳者、摇短绳者二者之间形成一个整体的能力如何？

3. 当同伴出现失误时，表现出来的态度是怎样的？

4. 摇交互绳的队员与摇短绳的队员在转为双摇时的技术转换、节奏转换是否及时？

5. 在探讨练习方法时，是否能够主动提出自己的看法？

6. 当多次出现失误时，是否能够冷静思考，主动寻找失误的原因？

7. 跳绳者进出绳时是否做到勇敢、果断？

八十五 "十"字绳 + 一带一跳

难度指数
★★★★☆

练习目的

1. 提高练习者运用"十"字绳与短绳带人跳结合的技能。
2. 发展练习者的灵敏度、协调性、平衡能力、力量等身体素质。
3. 培养练习者的团队协作意识,帮助他们克服心理障碍与增强自信心。

参与人数

男女不限,练习者6~14人一组为宜。

场地器材

平整空地;每组2根6~8米的长绳、5根短绳。

组织方法

1. 在平整空地上,以两条长绳的中点相互交叉垂直摆放,两绳交叉的点定为O点(如图所示)。

2. 练习者分为摇长绳者、摇跳短绳者和跳绳者三个组,摇长绳者4人,摇跳短绳者1人,其余为跳绳者,其中摇长绳者分别手持长绳的一端站立,双脚前后或左右开立均可,摇跳短绳者双手持短绳和跳绳者分别站于摇长绳者的一侧。

3. 练习时,4名摇长绳者在组织者的统一指挥下按顺时针方向摇绳,当摇绳节奏稳定后摇跳短绳者可以依次跑入AO、BO、CO、DO线段中及O点跳短绳,当长绳与短绳结合稳定后,跳绳者迅速跑跳入短绳并与短绳、长绳的节奏一起起跳。

"十"字绳＋一带一跳练习图示

教学建议

1. 开始练习时，推选出一名组织者负责协调摇绳、调整节奏、发出练习口令等工作。

2. 先复习"十"字绳摇绳技术，练习时10次为一组，交换练习若干组。也可以每次摇绳完成30～50次后换两人（摇同一根绳或相邻的两人），连续练习2～3组。

3. 在进行完整的"十"字并短绳带人跳时，先从跳O点开始，随着成功的次数增加，逐步增加至AO、BO、CO、DO段的练习，当大家的技术都达到一定的水平后再尝试完整的"十"字绳并五根短绳带五人的练习。

4. 摇跳绳者持的绳不宜过长，以免影响短绳的正常摇动。

5. 摇长绳者的技术是关键，练习时4位摇长绳者要密切关注长绳运行的轨迹，根据摇出绳的圆弧是否圆滑调整自己的力度。

6. 练习完成后，组织练习者总结得失。

评价要点

1. 摇"十"字绳的队员是否集中注意力，摇绳的节奏是否稳定？摇出绳的弧度是否圆润？

2. 摇长绳者、摇短绳者二者之间形成一个整体的能力如何？

3. 当同伴出现失误时，表现出来的态度是怎样的？

4. 跳绳者入绳时的时机把握如何？

5. 在探讨练习方法时，是否能够主动提出自己的看法？

6. 出现失误时，是否能够冷静思考，主动寻找失误的原因？

7. 跳绳者进出绳时是否做到勇敢、果断？

八十六 "*"字绳＋一带一跳

难度指数
★★★★☆

练习目的

1. 提高练习者组合型跳绳的技能。
2. 发展练习者的灵敏度、协调性、平衡能力、耐力等身体素质。
3. 培养练习者互相协调、协作的意识和勇敢、果断的品质。

参与人数

男女不限,练习者7~10人一组为宜。

场地器材

平整空地;每组3根不小于3.6米的长绳,1根短绳。

组织方法

1. 在平整空地上,以三条长绳的中点相互交叉成"*"号形状摆放。
2. 把练习者分为摇长绳者、摇跳短绳者和跳绳者三个组,摇长绳者6人,摇跳短绳者1人,其余为跳绳者。其中6位摇长绳者分别手持长绳的一端站立,双脚前后或左右开立均可,3条长绳交叉呈"*"号形状。
3. 练习时,6名摇长绳者在组织者的统一指挥下按顺时针方向摇绳,当摇绳节奏稳定后摇短绳者双手持短绳跑跳入3条长绳的交叉处,当"*"字绳与短绳结合的节奏稳定后,跳绳者看准时机迅速跑入短绳中,并按照"*"字绳与短绳一致的节奏完成跳绳。

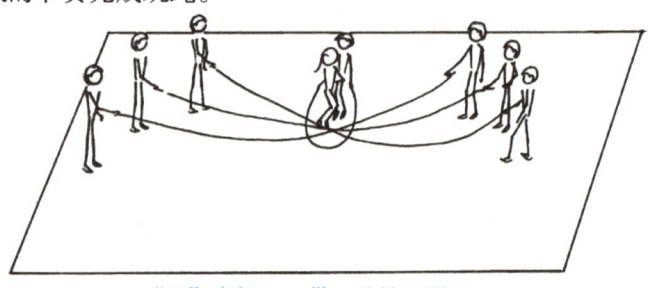

"*"字绳＋一带一跳练习图示

教学建议

1. 开始练习时，推选出一名组织者负责协调摇绳、调整节奏、发出练习口令等工作。
2. 先进行空摇练习，摇绳时结合口令进行，并有意识地把口令与节奏相结合。
3. 摇短绳者与跳短绳者面对面站在与"*"字绳交叉点的两侧准备。
4. 每一边的摇绳者尽量靠近一些，以保证中心交叉点不分散。
5. 跳绳者可采用任何方法跑入绳中绳的中心交叉点，并迅速调整节奏完成跳跃。

评价要点

1. 摇长绳者摇绳时是否三根长绳的节奏一致？三根长绳有没有聚拢在一起？
2. 练习者是否集中注意力及方法是否合理？
3. 跳绳者入绳时把握的时机是否准确？动作是否干脆利落？
4. 跳绳者是否乐意参与练习，并为团队完成练习而提出自己的建议？
5. 当同伴出现失误时，表现出来的态度是怎样的？
6. 练习者是否具备完成整个练习的体能和坚强的意志力？

八十七 交互绳并绳中绳跳

难度指数
★★★★★★

练习目的

1. 提高练习者的花样跳绳技能。
2. 发展练习者的灵敏度、协调性、平衡能力、力量、速度等身体素质。
3. 培养练习者的团队协作、统一行动的意识，帮助他们克服心理障碍与增强自信心。
4. 培养练习者不怕失败、克服困难的精神品质。

参与人数

男女不限，练习者每5人一组为宜。

场地器材

平整空地；每组2根4.2～6米的长绳、1根2.5～3米的中绳。

组织方法

1. 在平整空地上，练习者每5人为一组，并分为三个小组，分别为摇交互绳组2人，摇中绳组2人，跳绳组1人。
2. 选择两位摇绳技术较好的练习者摇交互绳，选择两位协调性和心肺耐力较好的练习者摇中绳，另外一位为跳绳者。
3. 开始时，先摇交互绳，当节奏稳定后，两位摇中绳者分别单手各持绳的一端同时跑入交互绳中，并按照交互绳的节奏一边跳交互绳一边摇中绳，使中绳的节奏及运动轨迹与交互绳的其中一绳一致。跳绳者则看准时机跑入中绳内，并按照交互绳与中绳一致的节奏完成跳绳。

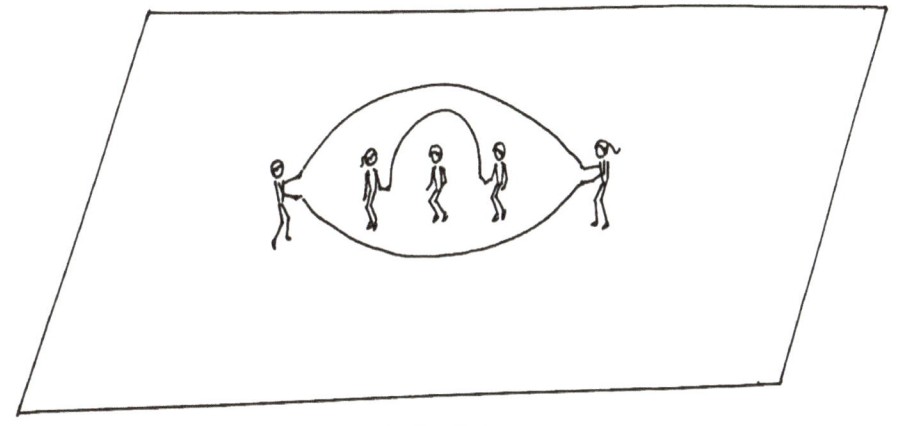

交互绳并绳中绳跳图示

教学建议

1. 两根长绳的长度要一致，摇绳速度稍慢一些，两摇绳者动作要协调一致。

2. 摇交互绳时，两手前臂伸直与地面平行，以肘关节为轴转动前臂，双脚左右开立与肩同宽，上半身直立，膝关节微屈。

3. 跳绳者进出绳时可采用口令指挥，如"1，2，3，跳"，进绳方向可固定，出绳时序号为单数的队员从异侧出，序号为双数的队员从同侧出绳。

4. 练习既定任务后，跳绳者与摇绳者交换角色。

5. 先进行交互绳并中绳的练习，当每次练习能够成功5次以上时，便可以尝试带人跳的练习。

6. 每次练习任务完成后，组织摇绳者与跳绳者互相给对方点评，并讨论改进的方法。

评价要点

1. 摇绳者是否集中注意力，能够控制自己摇绳的节奏？
2. 当同伴出现失误时，表现出来的态度是怎样的？
3. 跳绳者体能表现如何？
4. 当多次出现失误时，是否能够冷静思考，主动寻找失误的原因？
5. 跳绳者进出绳时是否做到勇敢、果断？
6. 摇中绳的练习者身体协调性、平衡能力如何？

第四章

运用长短绳与其他器械结合开展团队活动的组织方法

八十八　长绳 + 往返跑

难度指数
★☆☆☆☆

练习目的

1. 提高同步跳长绳及往返跑等多种方式组合练习的技能。
2. 培养练习者组合型跳绳的兴趣，丰富组合型跳绳的练习方法。
3. 发展练习者的协调性、灵敏度、平衡能力、速度、耐力等身体素质。
4. 培养练习者不怕苦，不怕累的品质。

参与人数

男女不限，练习者6～8人一组为宜。

场地器材

不小于6米×30米的平整空地；每组1根4.2米或5米的长绳、6个标志桶或标志碟。

组织方法

1. 在平整空地上，练习者6～8人为一组，其中2名为摇绳者，其余的为跳绳者。
2. 在场地中分别画3条平行线，把长绳置于中间的平行线上，在两边的边线上正对长绳分别各放置2个标志物（相隔约1.5米）。
3. 摇绳者站在中线上持绳准备，跳绳者站在任意一边的标志物旁准备。开始时，摇绳者以中等速度摇绳，跳绳者跑向跳绳，连续完成3次跳绳后出绳，跑向对面的标志物并折返到中线位置，再完成3次跳绳后跑向起点。
4. 依此往复，直到完成规定的次数。

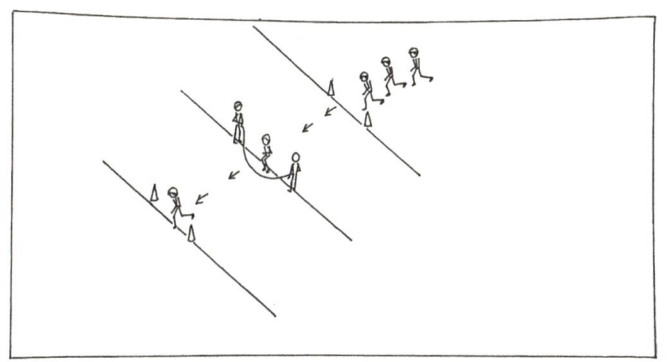

长绳＋往返跑练习图示

教学建议

1. 摇绳者要控制好摇绳的速度，以中等速度摇绳即可。
2. 跳绳者跑动时要保持跑动的节奏，速度由慢到快或均速。
3. 先进行标志桶为标志物的练习，再进行以标志碟为标志物的练习。跳绳者练习时要用右手触碰到标志物才能折返。
4. 加强练习者的体能训练。
5. 跳绳者折返跑回中线跳绳时，不能推拉、冲撞已经在跳绳的同伴。
6. 为了控制跳绳者回来时不干扰摇绳者的正常摇绳，可在两边距离跳绳2米的位置画一条线作为减速标志。

评价要点

1. 摇绳者是否保持稳定的摇绳节奏？
2. 在整个练习过程中，跳绳者是否每个折返练习都尽最大努力按要求完成？
3. 跳绳者在折返入绳时是否避免干扰其他跳绳者？
4. 跳绳者折返时动作是否迅速？

八十九 长绳 + 敏捷梯 + 往返跑

难度指数 ★★☆☆☆

练习目的

1. 提高练习者长绳 + 敏捷梯 + 往返跑多种方式组合练习的技能。
2. 培养练习者跳绳的兴趣，丰富跳绳的练习方法。
3. 发展练习者的协调性、灵敏度、平衡能力、速度、耐力等身体素质。
4. 培养练习者不怕苦，不怕累的品质。

参与人数

男女不限，练习者6~8人一组为宜。

场地器材

不小于6米×30米的平整空地；每组1根4.2米或5米的长绳，2副敏捷梯，4个标志桶。

组织方法

1. 在平整空地上，练习者6~8人为一组，其中2名为摇绳者，其余的为跳绳者。
2. 在场地中分别画3条平行线，把长绳置于中间的平行线上，在两边的边线上正对长绳分别各放置2个标志桶（相隔约1.5米），在中线的长绳和标志桶之间放置一副敏捷梯，且敏捷梯与标志桶相隔8米。
3. 摇绳者站在中线上持绳准备，跳绳者站在任意一边的标志桶旁准备。开始时，摇绳者以中等速度摇绳，跳绳者跑向跳绳，进入长绳中连续跳10次后出绳，采用快速小步跑的方式通过前方的敏捷梯，然后加速跑向对面的标志桶，用右手触摸标志桶并绕到旁边的标志桶再折返到中线位置，然后完成10次跳长绳，出绳跑向另外一侧完成敏捷梯练习，再加速跑向起点。
4. 依此往复，直到完成规定的次数。

长绳 + 敏捷梯 + 往返跑练习图示

教学建议

1. 摇绳者要控制好摇绳的速度，以中等速度摇绳即可。
2. 跳绳者跑动时要保持节奏，速度由慢到快或均速。
3. 根据练习者的体能增加敏捷梯的长度，也可以根据练习者的体能状况增加入绳前的距离。
4. 加强练习者的体能训练。
5. 每轮安排4人练习为宜，跳绳者跑回中线跳绳时，不能推拉、冲撞已经在跳绳的同伴。

评价要点

1. 摇绳者是否保持稳定的摇绳节奏？
2. 跳绳者是否每个往返练习都按要求完成？在整个练习过程中是否尽最大努力？
3. 跳绳者在往返入绳时是否避免干扰跳绳？
4. 采用小步跑通过敏捷梯时，跳绳者动作节奏是否稳定？
5. 跳绳者往返时动作是否正确和迅速？

九十 双长绳+敏捷梯+往返跑

难度指数
★★☆☆☆

练习目的

1. 提高练习者敏捷梯与长绳组合练习的技能。
2. 发展练习者连续跳跃、快速移动和跳跃与移动衔接的能力。
3. 培养练习者团队之间相互配合的意识和能力。
4. 培养练习者不怕困难、吃苦耐劳的品质。

参与人数

男女不限，练习者6~8人一组为宜。

场地器材

不小于8米×12米的平整空地；每组2根约6米的长绳，4副敏捷梯。

组织方法

1. 在平整空地上，练习者6~8人为一组，其中4名为摇绳者，其余的为跳绳者。
2. 相距约10米画两条平行线，在两平行线之间布置4副敏捷梯；4副敏捷梯左右间隔约50厘米，且分别与两平行线垂直；两长绳分别置于两平行线上。
3. 开始时，跳绳者采用左右脚交换跳的方式完成10次摇绳，然后出绳加速跑至敏捷梯处用快速小步跑的方式通过敏捷梯，再加速跑至另一根长绳并完成10次跳绳，出绳后返回进行同样的练习，直到完成一定的练习任务，与摇绳者交换角色进行。

双长绳＋敏捷梯＋往返跑练习图示

教学建议

1. 摇绳者摇绳时，根据跳绳者人数的多少及技术而定。跳绳者人数少且技术好时，摇绳快些，否则慢些。

2. 敏捷梯布置的区域相对集中于两长绳连线的区域内，其与长绳的距离不限制，可以考虑交错摆放。

3. 练习者在入绳和通过敏捷梯时，在保证平稳的基础上动作速度尽可能加快。

4. 完成一定的练习任务后，交换摇绳与跳绳的角色。

评价要点

1. 摇绳者是否认真观察跳绳者的动作？能否把实际情况反映在摇绳的速度上？

2. 跳绳者入绳的动作是否迅速、正确？

3. 当同伴出现失误时，能否及时鼓励并给予方法指导？

4. 练习者在遇到困难时，是否想方法克服？

九十一 长绳 + 跳跳球

难度指数
★★★★☆

练习目的

1. 发展练习者的平衡能力、腰腹及下肢力量、协调性、灵敏度等身体素质。
2. 培养练习者之间相互协调配合的意识和能力。
3. 培养练习者不怕困难、积极探索的品质。

参与人数

男女不限，练习者6~10人一组为宜。

场地器材

平整空地；每组1根约4.2米的长绳，每人1个跳跳球。

组织方法

1. 在平整空地上，练习者6~10人为一组，其中2名为摇绳者，其余的为跳绳者。
2. 练习时，两名摇绳者各持长绳的一端，其余人员每人踩一只跳跳球。
3. 开始时，摇长绳者先摇动长绳，跳绳者在摇绳者旁边的合适位置双脚踩跳跳球，当长绳节奏稳定时，跳绳者双脚踩跳跳球跳入长绳，并随长绳的节奏跳动。

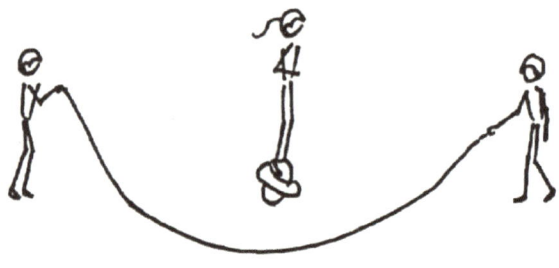

长绳 + 跳跳球练习图示

教学建议

1. 摇长绳者摇绳节奏稍慢，并且跟随跳跳球跳动的节奏摇绳，在摇动过程中要保持跳绳的弧度圆滑。

2. 跳绳者双脚踩跳跳球时，控制好身体的平衡，跳动时控制自己的重心。

3. 开始练习时，跳绳者双脚踩跳跳球在摇绳者旁边等候，当听到开始的信号后，摇长绳与踩踏跳跳球同时开始。

评价要点

1. 摇长绳者是否认真观察跳跳球的状态并跟随跳跳球的节奏摇绳？

2. 跳绳者是否集中精力，起跳是否果断？是否有意识地用自己的技术及体能控制节奏？

九十二 长绳 + 交接篮球跳

难度指数
★★☆☆☆

练习目的

1. 培养练习者的节奏感及同伴间的协作意识和能力。
2. 发展练习者勇敢、果断的品质。
3. 发展练习者的敏捷性、平衡能力、灵活性、协调性等身体素质。

参与人数

男女不限,练习者6~10人一组为宜。

场地器材

平整空地;每组1根长度约5米的长绳,1个篮球。

组织方法

1. 在平整空地上,练习者6~10人为一组,其中2名为摇绳者,其余的为跳绳者,且分成人数相等的两队。
2. 两队跳绳者分别站立于两位摇绳者的一侧,并做好入绳的准备。
3. 练习时,其中任意一队的第一位队员持篮球跑入绳中并跳绳3次。此时,第二队的第一位队员徒手跑入绳中,并接过第一队第一位队员的篮球,接着持球完成3次跳绳,同时,第一队的第一位队员跳出长绳。当第一队的第一位队员跳出长绳后,第二位队员马上跑入接过第二队第一位队员的篮球,此时第二队的第一位队员跳出长绳,依次螺旋交替进行练习。

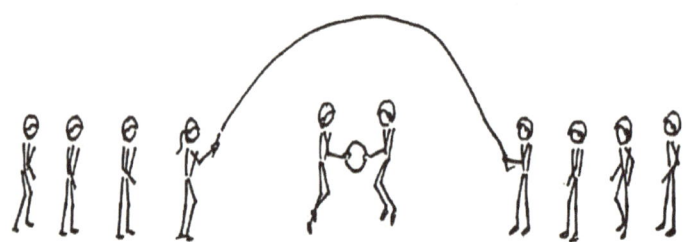

长绳 + 交接篮球跳练习图示

教学建议

1．采用"1——2——，1——2——"的口令来配合节奏，摇绳者主动观察跳绳的同伴，交接球时要掌握好力度和时机。

2．先把练习者分成两人一组，按照一定的节奏进行无球练习。

3．开始练习时先由摇绳节奏稳定的队员来摇绳，当练习达到一定的熟练程度时进行轮换摇绳。

4．可以先进行跳3～5次再交接篮球，当技术熟练后改为两跳一交接或一跳一交接。

5．把整个技术分解为长绳技术练习、无球技术练习、有球技术练习三部分进行练习，然后再进行完整的技术练习。

评价要点

1．交接篮球时节奏是否稳定？注意力是否高度集中？

2．交接篮球时，力量、高度、时机是否把握准确？

3．当同伴出现失误时，表现出来的态度是怎样的？

九十三 "十"字绳 + 跳跳球

难度指数
★★★☆☆

练习目的

1. 发展练习者的平衡能力、腰腹及下肢力量、协调性、灵敏度等身体素质。
2. 培养练习者之间相互协调配合的意识和能力。
3. 培养练习者不怕困难、积极探索的品质。

参与人数

男女不限，练习者 5～7 人一组为宜。

场地器材

平整空地；每组 2 根约 4.2 米的长绳，1 个跳跳球。

组织方法

1. 在平整空地上，练习者 5～7 人为一组，其中 4 名为摇绳者，其余的为跳绳者。
2. 两条长绳的中点相互交叉且垂直摆放，其中 4 位队员分别手持长绳的一端站立，双脚前后或左右开立均可，两长绳成"十"字状。
3. 练习时，4 名摇绳者在组织者的统一指挥下同时按顺时针方向摇绳，跳绳者在任意相邻 2 名摇绳者中的位置双脚踩跳跳球等待，当长绳节奏稳定时，跳绳者双脚踩跳跳球跳入长绳，并与长绳的节奏一起跳动。

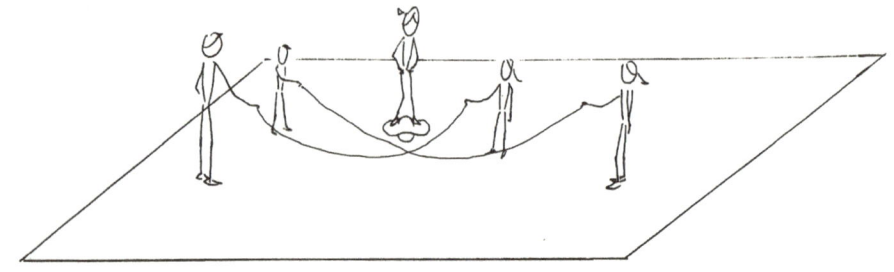

"十"字绳 + 跳跳球练习图示

教学建议

1. 开始练习时，推选出一名组织者负责协调摇绳、调整节奏、发号施令等工作。

2. 摇长绳者摇绳节奏稍慢，并且跟随跳跳球跳动的节奏摇绳，在摇动过程中要保持跳绳的弧度圆滑。

3. 跳绳者双脚踩跳跳球时，控制好身体的平衡，跳动时控制自己的重心。

4. 练习初，跳绳者双脚踩跳跳球在绳的中央等候，当听到开始的信号后，长绳与跳跳球同时开始动起来。

5. 跳绳者可采用原地与"十"字绳一起起跳或跑跳的方式入绳。

6. 练习完成后，组织练习者谈谈心理感受。

评价要点

1. 练习者是否集中注意力及方法是否合理？
2. 练习者是否能够快速理解组织者的意图并迅速行动？
3. 跳绳者是否能够积极地参与练习，并为团队完成练习而提出自己的建议？
4. 当同伴出现失误时，表现出来的态度是怎样的？
5. 练习者是否具备完成整个练习的体能和坚强的意志力？
6. 跳绳者精力是否集中？是否有意识地用自己的技术及体能控制节奏？

九十四 大网绳+呼啦圈跳

难度指数
★★★★☆

练习目的

1. 提高练习者的花样跳绳技能，发展体能。
2. 培养练习者的自主性及勇于承担责任的品质，并在练习中能主动评估自己的能力，自觉担任活动角色。
3. 培养练习者之间相互协助和信任的意识。

参与人数

男女不限，练习者12～80人一组为宜。

场地器材

不小于8米×8米的平整空地；每组6～40条6～10米的细长绳，一个呼啦圈。

组织方法

1. 在平整空地上，推选或自荐1～2人作为跳绳者和组织者，协助教师组织及担任跳绳过程中的指挥角色。
2. 在练习场地上确定一个中心点，再以绳的长度减2米为基准画一个圆。
3. 整理好细长绳并在练习场地旁一字排开。把练习者分成人数相等的两个组，分别编号为1、2、3、4、5和A、B、C、D、E（以12人参加活动为例），两组队员分别以编号的首尾一一对应（如1号与E号对应），摇一条绳时各持绳的一端（同时摇两条绳时，左右手分别持两绳的一端），跳绳者双手持呼啦圈，站在网绳交叉点的垂直线上等候。
4. 站位时，以圆心为基准对角站立，形成一个以圆心为交叉点的大绳网。跳绳时，组织者指挥众摇绳者以同样的节奏和方向摇绳，当摇绳的节奏稳定后，跳绳者手持呼啦圈助跑入绳，当助跑距网绳交叉的投影点时，双手摇呼啦圈，并脚跳动一次的同时接上网绳的节奏继续跳绳。

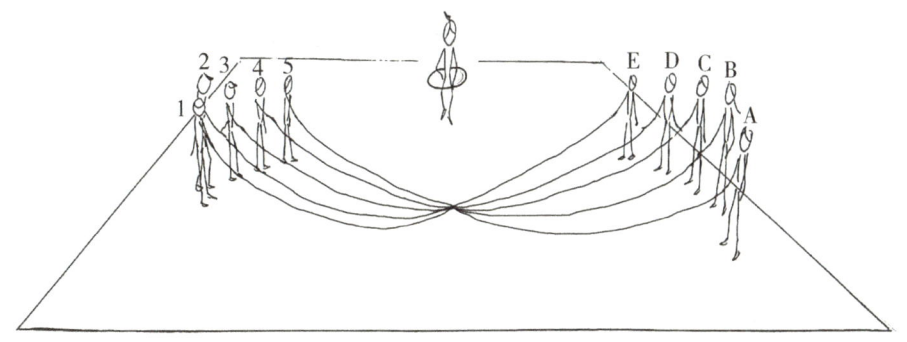

大网绳＋呼啦圈跳练习图示

教学建议

1. 教师把练习场地布置好后，帮助练习者推荐或练习者自荐组织者。
2. 练习时跳绳较多，且绳的长度较长，组合在一起时质量较大，摇绳时会比较困难，采用细绳练习为宜。
3. 提示指挥者与同伴协商，确定练习各环节的指示信号，必须统一。
4. 在练习时跳绳者完成一定数量的跳跃后，可以与摇绳者依次交换角色。
5. 练习之初，当跳绳摆成绳网后，可把绳网中间的交叉点绑起来形成一个中心点。
6. 当练习完成后，组织练习者谈谈自己在活动中的作用、心理体验及给同伴的建议。
7. 加强练习者的体能练习。
8. 跳绳者在平整的空地内练习，双手持呼啦圈助跑三步一跳技术。
9. 摇绳技术熟练后可以进行跳短绳、一带一跳等练习。

评价要点

1. 是否有练习者勇敢地站出来担任组织者的角色，并能说明理由？
2. 在布置绳网中，练习者是否听从组织者的指挥并行动迅速？
3. 在练习过程中，练习者是否努力按照组织者的要求去调整自己的心态和技术，为尽可能增加成功的次数而努力？
4. 练习者是否具备完成整个练习的体能和技能？
5. 跳绳者入绳时是否动作果断、勇敢？

九十五　交互绳 + 交接篮球

难度指数
★★★★☆

练习目的

1. 培养练习者的节奏感及同伴间的协作意识和能力。
2. 发展练习者勇敢、果断的品质。
3. 发展练习者的敏捷性、平衡能力、灵活性、协调性等身体素质。

参与人数

男女不限，练习者 6~10 人一组为宜。

场地器材

平整空地；2 根约 4.2 米的长绳，1 个篮球。

组织方法

1. 在平整空地上，练习者 6~10 人为一组。其中两名摇绳者双手持绳于腹部前方，交互绳静止时跳绳中部约 50 厘米触地为宜，其余人员为跳绳者并分成人数相等的两队。跳绳者分别站立于两位摇绳人员的一侧（成对角线站位），并做好入绳的准备。

2. 练习开始时，摇绳者双手摇动交互绳，跳绳者中任一队的第一位队员持篮球跑入交互绳中并跳绳 3 次。此时，第二队的第一位队员徒手跑入交互绳中，并接过第一队第一位队员的篮球，接着持球完成 3 次跳绳，同时，第一队的第一位队员跳出交互绳。当第一队的第一位队员跳出交互绳后，第一队的第二位队员马上跑入接过第二队第一位队员的篮球，此时第二队的第一位队员跳出交互绳，依次交替进行练习。

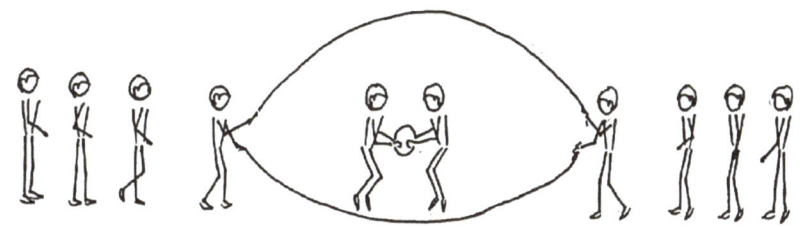

交互绳＋交接篮球练习图示

教学建议

1. 采用"1——2——，1——2——"口令来配合节奏，摇绳者主动观察跳绳的同伴，跳绳者交接球时要掌握好力度和时机。

2. 先把练习者分成两人一组，按照一定的节奏进行无球练习。

3. 持球者传球动作与跳绳节奏一致，接球者要主动把双手伸向持球者接球。

4. 开始练习时先由摇绳节奏稳定的队员来摇绳，当练习到一定的熟练程度时进行轮换摇绳。

5. 把整个技术分解为交互绳节奏练习、无球节奏练习、有球节奏练习三部分，然后再进行完整的技术练习。

评价要点

1. 交接篮球时是否有稳定的节奏？注意力是否高度集中？

2. 交接篮球时，力量、高度、时机是否把握准确？

3. 当同伴出现失误时，表现出来的态度是怎样的？

4. 持球者传球时动作与跳绳节奏是否一致？接球者是否主动把双手伸向持球者接球？

九十六　长绳＋绕障碍＋并脚"Z"字跳＋往返跑

难度指数
★★★☆☆

练习目的

1. 运用长绳＋绕障碍＋并脚"Z"字跳＋往返跑的组合练习发展练习者身体素质。
2. 培养练习者在一个完整练习中运用多项运动技术的能力。
3. 培养练习者不怕苦，不怕累的品质。

参与人数

男女不限，练习者6~8人一组为宜。

场地器材

不小于6米×40米的平整空地；每组1根4.2米或5米的长绳，12个标志碟，12个标志桶。

组织方法

1. 在平整空地上，把练习者分为摇绳者和跳绳者，摇绳者站在中线上持绳准备，跳绳者站在任意一边的标志物旁准备。
2. 在场地中分别画3条平行线，把长绳置于中间的平行线上，在两边的边线上正对长绳分别各放置2个标志桶（相隔约1.5米），在中线的长绳和标志桶之间放置4个相距1米的标志桶和6个相距0.5米成"Z"形的标志碟，且标志碟与边线标志桶相隔8米。
3. 开始时，摇绳者以中等速度摇绳，跳绳者跑向跳绳，进入长绳中连续跳10次后出绳，跑向前面的标志桶完成绕障碍跑，接着采用并脚侧向跳的方式跳越6个标志碟，加速跑向对面的标志桶，用右手触摸标志桶并绕到旁边的标志桶再折返到中线位置，然后完成10次跳长绳，出绳后跑向另外一侧完成绕障碍跑和并脚跳越"Z"形标志碟，再加速跑向起点。
4. 依此往复，直到完成规定的次数。

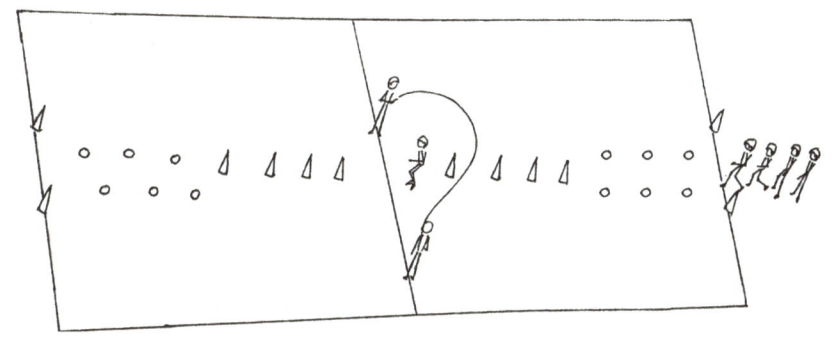

长绳＋绕障碍＋并脚"Z"字跳＋往返跑练习图示

教学建议

1. 摇绳者要控制好摇绳的速度，以中等速度摇绳即可，主要任务是要创造条件帮助跳绳者在最短时间内完成规定的跳绳次数，一般10～15次为宜。

2. 跳绳者根据节奏调整呼吸。

3. 跳绳者跑动时要保持节奏，速度由慢到快或均速。

4. 在布置标志桶、标志碟时，可以考虑长绳两侧的排列顺序不一致，两器材之间的距离也可以考虑大小不一样，以便更好地锻炼练习者的灵敏度、协调性、起动时的爆发力，更好地提高练习者控制身体、保持身体平衡的能力。

5. 根据练习者的体能增加或减少标志碟的数量，也可以根据练习者的体能状况增加或减少跑进的距离。

6. 每轮安排2～3人练习为宜，跳绳者跑回中线跳绳时，不能推拉、冲撞已经在跳绳的同伴。

7. 为了防止练习者回来时干扰摇绳者的正常摇绳，可在两边距离跳绳2米的位置画一条限制线作为减速标志，练习者到限制线时减速并调整节奏，便于一步进入跳绳。

评价要点

1. 摇绳者是否保持稳定的摇绳节奏？

2. 跳绳者是否每个往返练习都能做到降低重心、侧身45°绕标志桶？在整个练习过程中是否尽最大努力？

3. 在往返入绳时是否努力避免干扰跳绳？

4. 在每个类型的过渡练习时，对速度、节奏、身体的稳定性控制如何？

5. 在绕障碍时是否做到降低重心，并脚侧滑步？

九十七　交互绳 + 绕障碍 + 往返跑

难度指数 ★★★★☆☆

练习目的

1. 运用交互绳 + 绕障碍 + 往返跑的组合练习方式发展练习者身体素质。
2. 培养练习者在一个完整练习中运用多项运动技术的能力。
3. 培养练习者不怕苦、不怕累的品质。

参与人数

男女不限，练习者4~6人一组为宜。

场地器材

平整空地；每组2根3.6米或4.2米的长绳，4个标志桶，12根标志杆。

组织方法

1. 在平整空地上，把练习者分为摇绳者和跳绳者，摇绳者站在中线上持绳准备，跳绳者站在任意一边的标志物旁准备。
2. 在场地中分别画3条平行线，把交互绳置于中间的平行线上，在两边的边线上正对交互绳各放置2个标志桶（相隔约1.5米），在中线的交互绳和标志桶之间放置6个相距1米的标志杆，且与边线标志桶相隔8米。
3. 开始时，摇绳者以中等速度摇绳，跳绳者跑向跳绳，进入交互绳中连续跳5次后出绳，接着绕过障碍物后加速跑向对面的标志桶，用右手触摸标志桶并绕到旁边的标志桶再折返到中线位置，然后完成5次跳交互绳，再出绳跑向另外一侧完成同样的练习，加速跑向起点。依此往复，直到完成规定的次数。

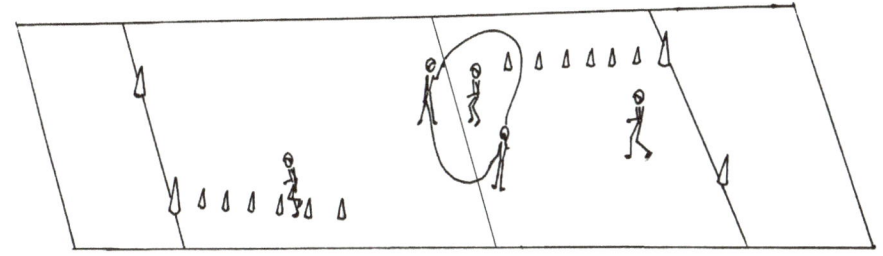

交互绳 + 绕障碍 + 往返跑练习图示

教学建议

1. 摇绳者要控制好摇绳的节奏，以中等速度摇绳即可，主要任务是要创造条件帮助跳绳者顺利完成规定的跳绳次数，一般5次左右为宜。
2. 跳绳者注意根据节奏调整呼吸。
3. 在用标志桶布置障碍时，可以适当调整在交互绳两侧的间隔距离，以便更好地锻炼练习者的灵敏度、协调性和起动时的爆发力，更好地提高练习者控制身体的能力。
4. 跳绳者跑回中线跳绳时，不能推拉、冲撞已经在跳绳的同伴。
5. 为了控制练习者回来时不干扰摇绳者的正常摇绳，可在两边距离跳绳2米的位置画一条限制线作为减速标志，练习者到限制线时减速并调整节奏，便于一步入绳。

评价要点

1. 摇绳者是否主动调整摇绳节奏？
2. 跳绳者是否每个往返练习都能做到降低重心和侧身45°绕标志物？在整个练习过程中是否尽最大努力？
3. 在往返入绳时努力避免干扰跳绳？
4. 在绕障碍物时是否做到降低重心，并脚侧滑步？
5. 跳绳者入绳、出绳时是否技术熟练，动作连贯？

九十八　长绳+跳小栏架+往返跑

难度指数
★★★★☆

练习目的

1. 提高练习者长绳+跳小栏架+往返跑多种方式组合练习的技能。
2. 培养练习者花样跳绳的兴趣，丰富花样跳绳的练习方法；
3. 发展练习者的协调性、灵敏度、平衡能力、速度、耐力等身体素质。
4. 培养练习者不怕苦，不怕累的品质。

参与人数

男女不限，练习者6~8人一组为宜。

场地器材

不小于6米×30米的平整空地；每组1根4.2米或5米的长绳，6副小栏架，4个标志桶或标志碟。

组织方法

1. 在平整空地上，把练习者分为摇绳者和跳绳者，摇绳者站在中线上持绳准备，跳绳者站在任意一边的标志物旁准备。
2. 在场地中分别画3条间距相等的平行线，把长绳置于中间的平行线上，在两边的边线上正对长绳分别各放置2个标志物（相隔约1.5米），在中线的长绳和标志物之间放置3个相距0.5米的小栏架，且小栏架与标志物相隔8米。
3. 开始时，摇绳者以中等速度摇绳，跳绳者跑向跳绳，进入长绳中连续跳5次后出绳，跑向前面的小栏架，采用并脚纵跳的方式跳越三副小栏架，加速跑向对面的标志桶，用右手触摸标志物并绕到旁边的标志桶再折返到中线位置，然后完成5次跳长绳，出绳跑向另外一侧完成小栏架练习，再加速跑向起点。
4. 依此往复，直到完成规定的次数。

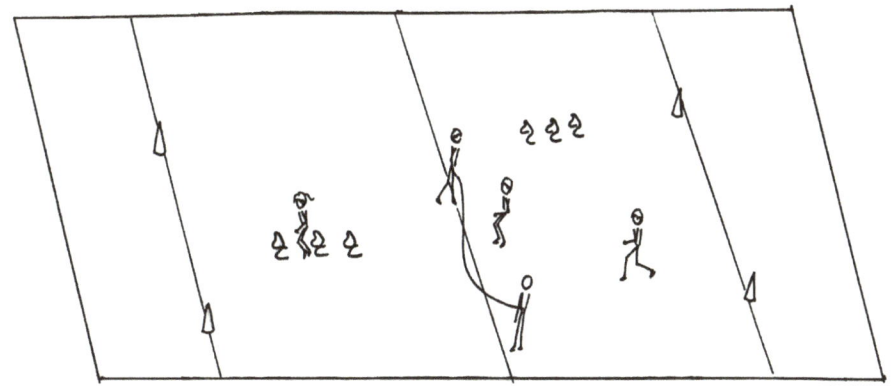

长绳＋跳小栏架＋往返跑练习图示

教学建议

1. 摇绳者要控制好摇绳的速度，以中等速度摇绳即可。
2. 跳绳者根据节奏调整呼吸。
3. 跳绳者跑动时要保持跑动的节奏，速度由慢到快或均速。
4. 根据练习者的体能增加或减少小栏架的数量，也可以根据练习者的体能状况增加跑进的距离。
5. 先进行以标志桶为标志物的练习，再进行以标志碟为标志物的练习。跳绳者练习时要用右手触碰到标志物才能继续往返练习。
6. 加强练习者的体能训练。
7. 跳绳者跑回中线跳绳时，不能推拉、冲撞已经在跳绳的同伴。
8. 为了控制练习者返回时不干扰摇绳者的正常摇绳，可在两边距离跳绳2米的位置画一条线作为减速标志。

评价要点

1. 摇绳者是否保持稳定的摇绳节奏？
2. 跳绳者是否每个往返练习都按要求完成？在整个练习过程中尽最大努力？
3. 在折返入绳时是否避免干扰跳绳？
4. 跳越小栏架时是否尽力向上跳起？
5. 返回时动作是否正确和迅速？

九十九 长绳+绕障碍+往返跑

难度指数
★★★☆☆

练习目的

1. 提高练习者长绳+绕障碍+往返跑多种方式组合练习的技能。
2. 培养练习者跳绳的兴趣，丰富跳绳的练习方法；
3. 发展练习者的协调性、灵敏度、平衡能力、速度、耐力等身体素质。
4. 培养练习者不怕苦、不怕累的品质。

参与人数

男女不限，练习者以6～8人一组为宜。

场地器材

不小于6米×30米的平整空地；每组一根4.2米或5米的长绳，12个标志碟，4个标志桶。

组织方法

1. 在平整空地上，把练习者分为摇绳者和跳绳者，摇绳者站在中线上持绳准备，跳绳者站在任意一边的标志物旁准备。

2. 在场地中分别画3条平行线，把长绳置于中间的平行线上，在两边的边线上正对长绳分别放置2个标志桶（相隔约1.5米），在中线的长绳和标志桶之间放置6个相距0.5米成"Z"形的标志碟，且标志碟与标志桶相隔8米。

3. 开始时，摇绳者以中等速度摇绳，跳绳者跑向跳绳，进入长绳中连续跳10次后出绳，跑向前面的标志碟，采用并脚侧向跳的方式跳越6个标志碟，加速跑向对面的标志桶，用右手触摸标志桶并绕到旁边的标志桶再折返到中线位置，然后完成10次跳长绳，再出绳跑向另外一侧完成并脚跳越"Z"形标志碟，加速跑向起点。

4. 依此往复，直到完成规定的次数。

长绳＋绕障碍＋往返跑练习图示

教学建议

1. 摇绳者要控制好摇绳的速度，以中等速度摇绳即可。
2. 跳绳者注意根据节奏调整呼吸。
3. 跳绳者跑动时要保持节奏，速度由慢到快或均速。
4. 根据练习者的体能增加或减少标志碟的数量，也可以根据练习者的体能状况增加跑进的距离。
5. 加强练习者的体能训练。
6. 每轮安排2～3人练习为宜，跳绳者跑回中线跳绳时，不能推拉、冲撞已经在跳绳的同伴。
7. 为了控制练习者返回时不干扰摇绳者的正常摇绳，可在两边距离跳绳2米的位置画一条线作为减速标志线，练习者到标志线时减速并调整节奏，便于一步进入跳绳。

评价要点

1. 摇绳者是否保持稳定的摇绳的节奏？
2. 跳绳者是否每个往返练习都按要求完成？在整个练习过程中是否尽最大努力？
3. 在返回入绳时是否避免干扰跳绳？
4. 跳越标志碟时是否做到侧身45°跳起？
5. 返回时动作是否正确和迅速？

一〇〇 交互绳 + 跳小栏架 + 往返跑

难度指数
★★★☆☆

练习目的

1. 运用交互绳 + 跳小栏架 + 往返跑的组合练习发展练习者身体素质。
2. 培养练习者在一个完整练习中运用多项运动技术的能力。
3. 培养练习者不怕累、不怕苦的品质。

参与人数

男女不限，练习者 4~6 人一组为宜。

场地器材

不小于 6 米 ×30 米的平整空地；每组 2 根 3.6 米或 4.2 米的长绳，8 副小栏架，4 个标志桶。

组织方法

1. 在平整空地上，把练习者分为摇绳者和跳绳者，摇绳者站在中线上持绳准备，跳绳者站在任意一边的标志物旁准备。
2. 在场地中分别画 3 条平行线，把交互绳置于中间的平行线上，在两边的边线上正对交互绳分别放置 2 个标志桶（相隔约 1.5 米），在中线的交互绳和标志桶之间放置 4 个相距 1 米的小栏架，且小栏架与标志桶相隔 8 米。
3. 开始时，摇绳者以中等速度摇绳，跳绳者跑向跳绳，进入交互绳中连续跳 10 次后出绳，接着完成跳小栏架后加速跑向对面的标志桶，用右手触摸标志桶并绕到旁边的标志桶再折返到中线位置，然后完成 10 次跳交互绳，再出绳跑向另外一侧完成同样的练习，加速跑向起点。
4. 依此往复，直到完成规定的次数。

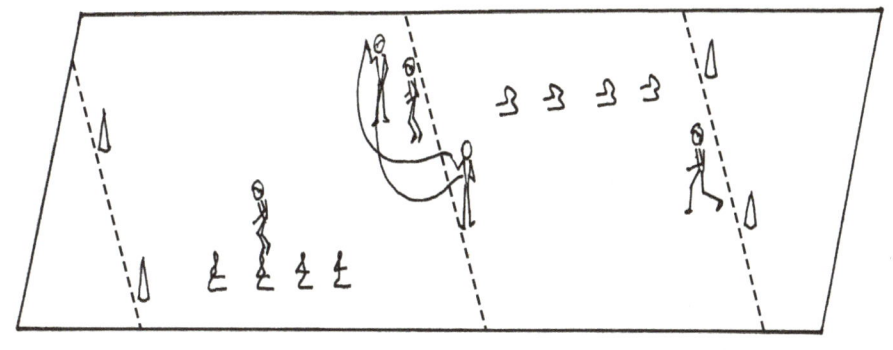

交互绳＋跳小栏架＋往返跑练习图示

教学建议

1. 摇绳者要控制好摇绳的节奏，以中等速度摇绳即可，主要任务是要创造条件帮助跳绳者顺利完成规定的跳绳次数。
2. 跳绳者根据节奏调整呼吸。
3. 在用小栏架布置障碍时，可以适当调整其在交互绳两侧的间隔距离，以便更好地锻炼练习者的灵敏度、协调性、起动时的爆发力，更好地提高练习者控制身体、保持身体平衡的能力。
4. 练习者跳越小栏架时可以采用侧向跳或正向跳，落地时前脚掌先着地，跳跃时用力向前上方跳起，落地动作轻盈，起跳动作连贯。
5. 跳绳者进出绳时，尽可以从交互绳的中部进出。
6. 为了控制练习者返回时不干扰摇绳者的正常摇绳，可在两边距离跳绳2米的位置各画一条限制线作为减速标志，练习者到限制线时减速并调整节奏，便于一步进入跳绳。

评价要点

1. 摇绳者是否主动调整摇绳节奏？
2. 跳绳者是否每个往返练习都能做到降低重心和侧身45°绕标志物？在整个练习过程中是否尽最大努力？
3. 练习者是否能够快速从交互绳的中部入绳？入绳、出绳时技术动作是否熟练和连贯？
4. 跳越小栏架时，是否做到落地时前脚掌先着地，跳跃时用力向前上方跳起，落地动作轻盈和起跳动作连贯？

参 考 文 献

［1］刘树军. 花样跳绳［M］. 北京：高等教育出版社，2013.

［2］杨小风. 花样跳绳［M］. 上海：上海教育出版社，2013.

［3］赵振平. 从小玩跳绳［M］. 北京：人民教育出版社，1999.

［4］张欣. 绳彩飞扬［M］. 沈阳：白山出版社，2010.

［5］中国跳绳网. http://www.tiaosheng.org/.

［6］中国体能论坛. http://bbs.chinatopfit.com/.

［7］中国跳绳官方网站. http://www.crsa.cc/.

［8］香港花式跳绳会. http://www.hkrsc.com.hk/tc/index.aspx.

［9］国际跳绳联盟. http://www.fisac-irsf.org/.

［10］美国跳绳联盟. http://www.usajumprope.org/.